똑똑한 엄마는
시간 관리가 다르다

똑똑한 엄마는 시간 관리가 다르다

초 판 1쇄   2023년 01월 26일

지은이 벨리따(이혜진)
펴낸이 류종렬

펴낸곳 미다스북스
총괄실장 명상완
책임편집 이다경
책임진행 김가영 신은서 임종익 박유진

등록 2001년 3월 21일 제2001-000040호
주소 서울시 마포구 양화로 133 서교타워 711호
전화 02) 322-7802~3
팩스 02) 6007-1845
블로그 http://blog.naver.com/midasbooks
전자주소 midasbooks@hanmail.net
페이스북 https://www.facebook.com/midasbooks425
인스타그램 https://www.instagram.com/midasbooks

ISBN 979-11-6910-136-3 03190

값 15,000원

★★★★★
숨은 시간
찾는 11가지 노하우
시간표 7원칙

삶의 주인이 되는 시간 관리 습관

똑똑한 엄마는

벨리따(이혜진) 지음

시간

관리가
다르다

미다스북스

여자에서 엄마로
시간을 보내고 있다면

302호 벨을 눌렀다.

미세먼지 없고 바람이 많이 불지 않는 날이면 놀이터에서 논다. 오후 5시까지 노는 날, 한 번씩 만났다.

"애 아빠는요?"

"이번 주도 출장이요." 또는 "약속 있대요."

아이 뒤를 따라다니거나 그네를 밀어준다고 더 많은 이야기를 못했다. 헤어질 때 인사하며 뒤 이야기를 꺼낸다.

"언니, 그럼 우리 집에 와서 같이 저녁 먹을래요?"

또는, 이제 막 저녁 준비를 하려고 주방에 갔을 때 전화가 온다.

"언니, 저녁 먹었어요? 그럼 우리 집 와요. 우리도 반찬은 없다. 있는 거 먹어요."

육아 품앗이. 주로 그녀가 먼저, 같이하자고 한다. 나는 미안하기 때문이다. 그녀에게는 아이가 셋 있다. 첫째는 초등학교 1학년, 그 아래로 두 살 쌍둥이다. 안 그래도 정신없이 보낼 저녁 시간에 내가 힘들어서 같이 아이 보자는 말, 저녁 먹자는 말을 꺼낼 수 없었다.

집에 올라가면 그녀의 하루 이야기를 듣는다. 밤 12시 넘어 겨우 몸을 눕힌 일부터 새벽에 깨서 분유 먹이기, 둘째가 6시부터 엄마 잠 깨우기, 첫째 등교, 쌍둥이 아침 식사, 병원, 두 아이의 다른 시간대에 자는 낮잠, 점심, 집안일, 첫째 하교와 간식, 외출, 저녁 준비 그리고 우리가 가고 나서도 해야 하는 남은 일까지. 모두 엄마가 하는 일이다. 나도 엄마이지만 그녀를 보면 대단하다는 생각과 애처로운 마음이 함께 든다. 기상 시간과 취침 시간 모두 다른 아이들을 키우고 있다. 공부, 교우관계, 간식 등 첫째도 챙겨야 하고 아직 어린 쌍둥이는 손이 많이 간다. 저녁도 서너 번 차린다. 쌍둥이 밥부터 먼저 먹이고, 학교와 학원 그리고 놀이터에 다녀

온 첫째 저녁도 준비한다. 엄마 저녁은 아일랜드 식탁에서 아이들이 남긴 반찬으로 대충 때운다. 정리될 때쯤 귀가한 남편의 저녁을 준비한다.

"언니, 나는 내 시간이 없다."

멍하니 아래를 바라보며 그녀는 말한다. 아이들이 커서 혼자만의 시간이 생길 때를 위해 참고 있는 것인지, 엄마가 아닌 나의 권리를 포기한 것인지, 이 상황을 해탈하지 못한 약한 몸부림인지.

적어도 나는 그녀를 돕고 싶었다. 우리 아이들이 안 싸우고 잘 노는 날에도, 전날 잠을 못 자서 피곤한 날에도, 하루를 빨리 마무리하고 싶은 계획을 세운 날에도 거절하지 못하고 가는 곳이 바로 302호다.

302호 엄마, 그녀 혼자만이 아니다. 나도 그랬고, 일하다 그만두고 집에 있는 엄마들도 비슷하다. 아이가 태어나 마냥 예쁘기만 하다가 어느 순간 엄마로, 주부로 사는 나를 보게 된다. 그동안 조금씩 쌓였던 불만을 수면 위로 꺼내고 내 인생 자체에 대해 고민하게 되는 제2의 사춘기를 겪게 된다. 나는 둘째 아이가 어린이집 입소를 앞두고 있을 때였다. 곧 시간이 많아진다는 기대도 있지만 그동안 한 일은 퇴사, 집안일, 육아 딱 그뿐이라는 사실에 정체성을 찾기 시작했다.

이 책은 엄마에서 '나'로 살기 위해 보냈던 경험을 담고 있다. '나는 누구인가?', '어떻게 살아야 할까'에 대한 고민을 겪으며 혼자 어두운 터널의 길로 들어갔다. 세상 밖으로 나오게 된 계기는 새벽 기상과 글쓰기였지만 이 2가지를 중점적으로 이야기하지는 않는다. 물음에 답하며 내가 지향하는 인생으로 살기 위해 시간 관리는 꼭 필요했다. 한 번 만에, 훅 점프하며 달라졌다기보다는 차근차근 단계를 밟아갔다.

1장에서는 나의 행복부터 찾은 방법을 들려준다. 나의 시간을 가졌더니 균형 있는 하루를 보내는 일이 중요했고, 인생의 목표도 세우게 되었다. 바뀌리라 결심도 했지만 여러 번 실패했고 그럴 때마다 조금씩 수정하며 결심과 행동을 계속했다. 이 내용을 1장에 담았다.

2장에서는 엄마의 다양한 역할 속에서도 어느 한쪽으로 치우치지 않는 하루, 목표를 달성하는 하루를 보내기 위해 내 시간을 보냈던 방법을 소개한다. 역시 이것저것 시도해보았다. 이 과정이 있어 하루 24시간을 어떻게 보낼지 큰 틀을 만들 수 있었기에 기술했다.

3장에서는 하루를 어떻게 보내는지 보여주고 있다. 시간대별로 무엇을 하는지, 왜 구분했는지 알 수 있다. 하루를 충실하게 보내기 위해 꼭 필요하다고 판단한 목표, 기록, 피드백에 관해 설명해놓았다.

4장에서는 낭비, 틈새, 불필요한 시간을 줄여 1분마저도 내 시간으로 만드는 방법을 확인할 수 있다. 엄마, 주부 그리고 나의 다양한 역할까지 수행하고 있으니 1분도 아까울 때가 많았다. 다양한 상황에서 1분의 시간을 잡기 위해 시도한 방법을 소개한다.

나를 찾기 위한, 나로 살기 위한 글을 쓰고 있으니 엄마가 생각난다. 우리 엄마는, 내 시간을 갖고 싶지 않았을까. 바라는 삶이 없었을까. 삶을 변화시키고 싶지 않았을까. 이제, 내가 엄마에게 할 수 있는 일은 본인의 인생을 사실 수 있도록 계속해서 용기를 불어넣는 것이다.

내가 초등학교 1~2학년 무렵일 때 회사를 그만두신 엄마, 어떤 이유 때문인지는 모르나 본인처럼 일을 그만두고 아이를 키우고 있는 딸을 보면 어떤 심정일까. 고군분투하는 자녀를 지켜볼 때 어떤 생각을 할까. 집에 오면 낮잠 자고 싶어 하지만 힘들다 말하지 않는 딸아이를 어떤 마음으로 바라볼까. 다행히도 나는, 지난 4년간 지내왔던 터널을 나왔다. 예전과 달라진 내 모습에 불편하고 무거웠던 엄마 마음이 이제는 좀 더 가벼워졌으리라 생각한다. 나 역시도 새로운 날이 온 느낌이다. 삶의 균형을 찾아가며 다시, 내 인생을 만들어가고 있다.

타지로 이사 온 후, 302호의 벨을 누른 일은 없다. 하지만 여전히 그녀가 떠오른다. 어제는 아이들이 일찍 잤는지, 둘째가 아침 7시까지 잤는지, 쌍둥이 혼자서 식사와 세수 그리고 옷 입기는 하는지, 이제 저녁은 한 상에서 같이 먹는지 등등. 멀리 있어도 마음 쓰이는 건 여전하다. 그녀를 생각하며 글을 썼다. 내 시간이 없어서 힘들어하는 엄마에게, 엄마와 주부의 역할에 치우쳐 불만을 느끼는 엄마에게 따뜻한 말을 건네주고 싶었다. 내 시간을 갖기 위해 이것저것 방법을 찾아보고 해봤던 경험을 담은 이 책이 다시 한번 주도적인 나로 살고 싶은 엄마에게 도움이 될 것이라 확신한다. 한번에 읽어도 좋겠지만 힘들 때나 방법을 찾고 싶을 때마다 한 꼭지씩 읽으면 좋겠다. 무엇보다 이 책을 읽은 당신이 '나로 살며 행복해지기를 바란다.

YEARLY PLANNER

2020

...BER	OCTOBER	NOVEMBER	DECEMBER	
		1		
		2		
		3		
		4		
	5			
	6			
	7		1	SUN
		2		MON
		3		TUE
		4		WED
		5		THR
		6		FRI
		7		SAT
	8			SUN
	9			MON
	10			TUE
	1			WED
				THR

목차

들어가는 글 여자에서 엄마로 시간을 보내고 있다면 ········· 4

제1장

엄마가 행복해야 한다기에,
행복하기로 했다

01 독박 육아라도 내 시간 가지는 방법 ········· 19

02 불만, 익숙함을 의심하기 ········· 23

03 나 혼자만의 시간 찾기 ········· 27

04 꿈이 있어야 하는 이유 ········· 31

05 엄마의 리츄얼 시간 ········· 36

06 스트레스, 막힌 곳 풀어주기 ········· 40

07 엄마의 워라밸로 균형 찾기 ········· 44

08 나의 장점 활용하기 ········· 49

제2장

꼭꼭 숨은 엄마만의
시간 찾기 노하우

01 집안일 신경 끄기의 기술 ………………………………… 57

02 생각 많은 날, 걷기 ………………………………………… 61

03 속 시끄러운 날, 정리하기 ………………………………… 66

04 집중 안 되는 날, 카페 가기 ……………………………… 71

05 계속하려면 미리 하기 ……………………………………… 76

06 하고잡이의 선택과 집중 …………………………………… 82

07 스마트폰 멀리 두기 ………………………………………… 86

08 그냥 보내는 시간도 필요하다 …………………………… 92

09 의욕 상실 전 쉬기 ………………………………………… 96

10 완벽한 부담에서 벗어나기 ……………………………… 100

11 삶에 활력을 주는 계획표 ………………………………… 105

제3장

행복을 찾는
엄마 주도 시간 관리법

01 목표부터가 시작이다 ··· 115

02 기록해야 보인다 ··· 120

03 새벽, 나와 맞서서 일어나는 시간 ····································· 130

04 오전, 집안일 안 하는 시간 ··· 135

05 오후, 몸을 움직일 시간 ··· 142

06 저녁 21시, 육아와 살림 퇴근 시간 ··································· 149

07 밤 11시, 신데렐라 ··· 155

08 미라클 나이트도 필요해 ··· 160

09 토요일 밤, 피드백 시간 ··· 166

10 24시간을 통제한다는 것 ··· 172

제4장

1분까지 알뜰하게 쓰는
엄마 시간표 만들기 7원칙

01 집안일 줄여주는 습관들 ······································· 183

02 틈새 시간 이렇게 잡아라 ····································· 190

03 아이들에게 집안일 공부시키기 ···························· 196

04 편리미엄으로 내 시간에 투자하기 ······················· 203

05 스마트기기 사용 시간과 목적 정하기 ···················· 209

06 뽀모도로 타이머 활용하기 ·································· 216

07 불만족이 변화를 이끈다 ····································· 222

마치는 글 엄마에서 주도적인 '나'로 살기 바라는 당신에게 ··········· 228

부록 MAKE IT 다이어리 작성법 ································· 234

제1장

엄마가
행복해야 한다기에,
행복하기로 했다

Time Management

01

독박 육아라도 내 시간 가지는 방법

"그냥, 한 번은 좀 시원하게 보내주면 안 돼?"

결혼 준비를 하던 때에 남편의 이직으로 대구가 아닌 안동에서 근무했다. 아이가 태어나고 50일쯤에 대구로 왔으나 출장이 많았다. 대구에서 1시간 이상 소요되면 3박 4일 출장을 갔었고, 대구 근교로 일하러 갈 때는 정시 퇴근은 상상할 수 없었다. 사무실로 출근하는 주에는 그동안 못 만난 직원과 친구들을 만나는 데 시간을 보냈다.

그동안 둘째도 태어났다. 첫째인 시환이의 질투로 아이들에게서 눈을 뗄 수 없었다. 그 와중에 집안일도 해야 한다. 시환이의 재접근기는 지금도 떠올리기 싫다. 서하를 안으면 그 모습을 힐끗 쳐다보다가 내리는 순간 어김없이 밀고 잡아당기고 장난감을 못 만지게 했다. 내가 안 볼 때는 더 심했다. 엄마 옆에 다른 사람이 오는 일이 허용되지 않는 그 시기에 젖을 먹던 서하는 엄마와 오빠가 찐하게 안고 난 후에야 먹을 수 있었다.

실컷 네 식구 먹을 밥을 하고 있는데 5시에 전화가 온다. 처음에는 아무 생각 없이 받았는데 이제는 그가 대구에 있을 때 5시에 전화를 걸면 안다. 약속이 생겼다는 걸. 어떤 날은 뜸을 들이다가 답하기도, 또 다른 날은 한숨을 쉬기도 했다. 아니면 9시까지는 와달라고 했다. 기분 좋게, 흔쾌히, 웃으며 보내주지 않는 나의 반응에 결국 그도 속마음을 꺼냈다.

괜히 기대했나 싶었다. 지금까지도 그랬으나 외로운 독박 육아를 선택하기로 마음먹었다. '그래, 쿨하게 독박 한번 써보자!'

혼자 아이를 보고 있어도 내 시간이 필요했다. 아이 돌보는 시간, 집안일 하는 시간 말고 나 혼자만의 시간이. 그래서 갑자기 생기는 모임에 더욱 민감하게 굴었다. 이제는 그러지 않아야 했다. 혼자 아이 둘을 보면서 나름 내 시간 갖는 방법이 생겼다. 그 시간이 있어야 저녁을, 다음 날을 웃으며 보낼 수 있다. 그 내용을 소개하려 한다.

첫째, '하루 30분 시간 만들기'이다. 평소보다 30분 일찍 일어난다. 아니면 낮에 아이가 자는 시간이나 이마저도 못 가졌을 때는 재우고 나서 보냈다. 하고 싶은 일을 한다. 한 가지로 딱 정해놓은 건 아니지만 그날 외출이 있어 바쁜 날에는 새벽에 집안일을 했다. 그 외에는 나를 위한 시간을 가졌다. 주로 책을 읽거나 운동을 했다.

둘째, '규칙적으로 생활하기'이다. 아침에는 등원 전까지, 오후에는 등원 후부터 잠들 때까지가 할 일이 많다. 등원 전에는 세수하기, 옷 입기, 가방 준비하기, 밥 먹기, 양치하기로 순서가 있다. 등원 후에는 손 씻기, 가방 정리하기, 샤워하기, 간식 먹기, 놀기, 저녁 먹기, 양치하기, 책 읽기 마지막으로 취침의 순서로 흘러간다. 종이에 써서 붙여놓은 건 아니지만 거의 이렇게 움직인다. 이제는 외워서 하는 일이 아니라 몸이 알아서 움직이는 것처럼 느껴진다. 물론 이렇게 하기까지 시간은 걸린다. 혼자 해야 해서 하는 일의 순서를 정했다. 특별한 일이 있지 않으면 매일 비슷하게, 차례대로 보냈다. 규칙은 내 시간을 언제 보낼지 예측하는 데 도움이 됐다.

셋째는 '마음 편하게 먹기'이다. 남편의 귀가에 집착하는 것처럼 지낼 때는 불평, 불만이 많았다. 말 한마디로 속이 부글부글 끓든 말든 보내준 이후, 하나를 깨달았다. 같이 하려는 마음을 버리니 지금 이 생활이 제법 괜찮다는 생각이 든다. 신혼 그리고 처음 아이를 키울 때는 주말 부부라서 싫었다. 특히 육아할 때 남편이 옆에 있으면 더 편하리라 생각했기 때문이다. 이제 저녁밥 신경을 안 써도 된다. 먹고 싶은 반찬만 먹어도 되고, 일찍 저녁을 먹어도 괜찮다. 밥에 대한 부담이 줄어드니 마음이 훨씬 가벼워졌다. 일찍 퇴근해서 아이들을 챙기고 남편에게 매일 저녁상 차려 주기. 귀가 시간은 늦고 아이들은 혼자 봐야 하지만 저녁에 구애받지 않기. 둘 중 어떤 것을 선호하는지는 개인마다 다르겠지만 후자의 경우는 내 패턴으로 움직일 수 있다. 편해서 좋은 점이 보이는지, 좋아서 마음이 편안해졌는지는 모르겠다. 또 이것이 내려놓음인지, 해탈인지도.

　최소 하루 30분의 시간 덕분에 아이들을 볼 때 웃을 수 있었다. 매일 비슷하게 흘러가는 생활 덕분에 언제 하루가 끝날지 계획할 수 있었다. 또한 아이들은 스스로 하는 일이 많아졌고 다음에 어떤 일을 하는지도 알고 있었다. 마음을 편하게 먹으니 불평보다 좋은 점이 떠오른다.

　싸우기도 싫었고 불평과 불만을 멈추고 싶기도 했다. 기대와 실망을 반복할 때마다 스스로 초라해지기도 했다. 잦은 모임에 대한 불만으로 사이가 멀어지는 대신 독박 육아를 선택했다. 지금도 이 결정을 후회하지 않는다. 내 시간도 가졌고 더 큰 어른으로 성장했기 때문이다. 학교에서 배운 공부보다 이 시기에 갈고닦은 수련은 인생의 어떤 역경도 이겨 내리라 믿는다. 의존하지 않고 아이들을 돌보길 잘했다.

불만, 익숙함을 의심하기

> "더 이상 의심할 것이 없을 때까지 의심하라. 의심은 생각이고 생각이 곧 인생이다.
> 의심을 품지 못하게 하는 체제는 생각을 마비시키는 장치이다."
> _ 알버트 게랄드

근무 시작 9시. 일곱 시가 지나면 일어나 출근 준비를 한다. 아내가 아이 챙기는 일을 도와달라고 하는 날에는 이유식 가방 싸기나 옷 입히기를 한다. 아내는 늦게 일어난 날이 아니면 아침밥을 먹는다. 나는 밥 대신 잠을 선택했다. 퇴근 시간이 다가온다. 어제는 친한 사람들끼리 만나 한잔 마셨고, 내일은 부서 회식이다. 연속 3일 술 마시고 가면 나도 눈치가 보이니 오늘은 일찍 갈 계획이었는데 오랜만에 만난 과장님이 저녁을 같이 먹자고 한다. 석 달 만에 만나는 과장님이라는 점을 강조한 끝에 아내의 허락을 받아냈다.

평일 중 세 번은 술 모임, 한 번은 야근 후 저녁 먹기, 하루는 찌든 상태로 귀가. 출장에서 사무실 근무로 바뀌며 아내의 관점에서 바라본 남편의 일상이다.

근무 시작 8시 30분. 6시에 일어나 준비를 끝내면 시환이 기저귀를 갈고 수유한다. 차가 막히니 서둘러 나선다. 7시 40분 전후로 어머니 집에 도착한다. 일찍 도착하는 날은 이야기를 나누고, 어떤 날은 아이만 내려놓고 나오기도 한다. 8시쯤 사무실에 도착한다. 퇴근 후에는 다시 어머니 집으로 간다. 집에 조금이라도 빨리 가기 위해 지도를 보며 차가 덜막히는 길을 선택한다. 내 가방은 정리할 필요도 없다. 차 키, 지갑, 그대로 둬도 된다. 빈 이유식 그릇 설거지와 젖병 소독부터 한다. 냉장고에 있는 이유식 하나를 꺼내 데우고 수유해야 하니까 저녁 식사를 한다. 아이가 혼자 놀 때 채소를 다지고 육수를 낸다. 밥솥에 넣어 찜 모드를 선택하고 주방을 나선다. 완성되는 동안 시환이를 씻긴다. 자기 전 책 읽어주면 하루 끝이 아니다. 눈에 힘을 준 채 30분 걸려 재운다. 다시 주방으로 나와 밥솥에 있는 이유식을 소분하고 설거지하는 일이 남았다. 이대로 눕기는 싫은데 눈은 무겁고 체력도 받쳐주지 않는다. 오늘도 배 속에 있는 쭉쭉이에게 엄마와 아빠의 목소리는 들려주지 못했다.

신호 대기 중. 멍하니 빨간불만 보고 있다. 나는 왜 이렇게 사는가 싶다. '이러려고 결혼한 것도, 아이를 낳은 것도 아닌데.'라는 생각이 드는 순간 마음속 뜨거운 감정이 올라온다. 뒷좌석에는 시환이가 타 있어 눈물을 참아야 한다. 남편이 미웠다. 나는 내 생활이 다 빠진 채 살고 있는데 여전히 자기의 시간을 보내고 있다. 나라고 가고 싶어 가겠냐고 말할 때는 용기를 내라고 하고 싶다. 술을 마셔야 사회생활도 잘한다는 사람들의 인식에 불만 가득하다. 엄마들을 내 편으로 만들어 정치로 나가고 싶은 마음이 들 정도였으니까.

결심했다. 이 상황을 바꾸기로. 내가 아이를 전적으로 봐야 하는 작년과 달라졌다. 이 말은, 우리가 하고 있던 방식이 변경 가능하다는 뜻이다. 나는 회사를 지나쳐 어머니 집에 가지만, 남편은 조금 둘러 맡기고 출근하면 된다. 매일은 아니더라도 일주일에 한두 번은 가능하지 않을까. 출산, 두 달 남았다. 배는 불러오고 매일 시간에 쫓기며 살기 싫다. 일주일에 두 번, 딱 두 번만 해달라고 얘기했다. 괜히 기분을 살폈다. 생각보다 쉽게 수긍했다. 특별한 일이 있지 않으면 두 번은 남편이 아이를 챙긴다.

아침이 여유롭다. 이제는 내가 집에서 남편과 시환이에게 인사를 한다. 가고 나면 화장하거나, 아침 그릇을 정리한다. 아니면 간단하게 집을 치우고 나선다. 빠른 걸음으로 걷지 않아도 되니 배가 아프지 않다. 퇴근 후에도 마찬가지다. 허벅지에 매달리는 아이가 없으니 마음이 편하다. 왜 진작부터 이런 생각을 하지 못했을까.

결혼 후 2년 6개월 동안 변화하려고 하지 않았던 사람이 아니었나 생각해본다. 찾아보면 방법은 있었다. 돌이 된 아이를 집 가까운 어린이집에 보내는 점에 대해 진지하게 이야기할 수 있다. 남편 차에 중고 카시트를 설치하는 것도 하나의 방법이다. 일을 제외하고 사적인 모임 횟수, 요일을 정할 수도 있었다.

무슨 일이든 새로 시작하면 시행착오를 거치게 된다. 여러 번 경험하고 적응했을 때 다시 점검해보는 시간이 필요하다. 그렇지 않으면 그냥 아무 생각 없이 보내게 된다. 육아에서도 마찬가지다. '힘들다'만 반복하지 말고, 문제없어 보이는 익숙한 일에 의심해본다. 처음 일을 시작할 때는 무엇을 어떻게 할지에 대한 고민이었다. 지금은 더 잘하기 위한 효율적인 방법을 고민하고 내 시간을 보내기 위한 궁리를 한다. 익숙한 일에 의심하기는 내 시간을 가질 수 있게 해준다.

03

나 혼자만의 시간 찾기

"사람은 스스로가 성취하고 획득할 수 있다고 생각한 바에 따라 성장한다."
_ 피터 드러커

2020년 2월, 유치원 수료식 하기 전날이었다. 수료식까지는 보낼까 고민에 고민을 거듭한 결과, 가정 보육을 결정했다. 대구에 코로나19 확진자가 쏟아져 나왔기 때문이다. 어차피 집에 있어야 하는 시간이라면 아이들과 함께 놀고 싶었다. 아이들이 어린이집을 다니고 나는 공부를 시작해 같이 보낸 시간이 줄어 아쉬웠기 때문이다. 그동안 못한 놀이를 하며 하루하루를 보냈다.

평일 시간표를 만들었다. 하루 세끼와 간식 사이사이에 체육, 미술, 요리, 과학, 수학 시간을 넣었다. 체육은 매일 20분, 미술은 주 2회, 요리,

과학, 수학은 주 1회. 피자, 수제비, 김밥, 케이크, 샐러드, 고구마 경단 등을 만들었다. 엄마표 과학 놀이, 수학 놀이를 주제로 한 책을 구매해 따라 하기도 했다. 미술은 엄마표 놀이를 검색하여 아이들이 좋아할 만한 요소를 준비했지만 대체로 아이들이 놀고 싶은 대로 놔뒀다.

하루 세끼, 간식, 놀이 시간. 모든 것은 아이 위주로 돌아갔다. 눈을 뜨면 다시 잠자기 전까지의 모든 시간 중 나의 시간이 없었다. 한 달이 지났다. 언제 이 상황이 종료되는지 궁금하다. 그리웠다. 아이들이 어린이집과 유치원 갈 때 손 흔들던 날들이. 등원 후 가졌던 공부, 독서, 운동 시간이. 수업 준비하며 집중하던 그때가.

나의 시간이 필요했다. 코로나 두려움으로 외출은 하지 않는다. 집에서 혼자 할 수 있는 일부터 하나씩 시작했다. 초반에는 아이들을 재워놓고 수업 준비를 하고 책을 읽었다. 수업 연구를 하는 날은 빨라도 밤 12시에 끝이 났다. 책을 읽는 날에는 식탁 조명 하나만 켜 놓고 읽었는데 어느 순간 머리를 숙이고 있었다. 여러 날 반복되고 피로가 쌓이니 아이들에게 짜증을 내는 날이 많아졌다. 아직 할 일, 시작도 못 했는데 누우면 잘 거 같다. 나의 시간을 가지고 싶은 마음에 아이들에게 둘이 같이 자라고 했다. 낮에 재미있게 놀고 밤이 되면 그동안 쌓아놨던 관계가 틀어져버린다. 그렇다고 그 시간에 집중해서 수업 준비만 하고 책만 읽은 것도 아니다. 내 시간도 제대로 활용하지 못하고, 아이들의 불만이 쌓여

갈 때 또 다른 변화가 필요했다.

잘 때 무서움이 많은 아이, 엄마 팔베개를 하고 같이 자고 싶은 아이를 위해 누웠다. 일찍 자는 대신 일어나는 시간을 당겼다. 30분 일찍 알람을 맞췄다. 책상 의자에 앉으려고 가는 길에 창문 밖을 보았다. 아무도 보이지 않는다. '그렇다면 나가도 되지 않을까?' 어떤 날은 걸었고 또 어떤 날은 자전거를 탔다. 일어나는 일, 몸을 움직이는 일이 점차 몸에 익어가면서 기상 시간을 30분 더 당겼다. 운동하고 책을 읽었다. 아침에 일어날 때 몸이 무겁다고 느껴지면 책을 가지고 나가 걷기 후 독서했다. 상쾌함과 뿌듯함. 오랜만이었다.

점차 더 많은 시간을 보내고 싶은 욕심이 생긴다. 낮에 내 시간을 좀 더 만들어보기로 했다. 체육과 놀이를 합쳤다. 미세먼지가 안 좋은 날에는 집에서, 멀리 있는 아파트가 선명하게 보이는 날은 밖에 나가 신나게 놀았다. 아이들과 함께하는 시간을 줄이니 내 시간이 생겼다. 그림책을 찾아보고 수업 준비를 했다. 아이들이 왔다 갔다 하며 책을 읽기도, 말을 걸기도 했지만 다시 일에 복귀하는 건 문제 되지 않았다.

공부, 팔로우 수·이웃 수, 잠, 독서. 이것의 공통점은 무엇일까. 양보다 질을 강조한다. 공부 시간, 인스타그램 친구의 수, 취침 시간, 읽은 책

권수보다는 효과적인 공부, 찐 팬, 깊은 수면 시간, 소화된 독서가 더 중요하다. 육아에서도 마찬가지다. 무조건 시간을 많이 보낸다고 애착이 형성되지 않는다. 10분을 놀더라도 아이와 눈 마주치고 집중하여 보내는 시간이 더 중요하다고 한다. 같이하는 시간을 줄이고 그 시간을 나를 위해 채웠다. 아이들끼리만 시간을 보낸 후에는 고맙다는 인사를 빠뜨리지 않는다. 수업 준비할 수 있게 도와줘서 고맙다는 말, 독서를 할 수 있는 시간을 준 점에 감사의 표현을 한다. 그러면 아이들도 엄마가 좋아하는 일에 동참했다는 사실만으로도 뿌듯해한다. 내일 또 이런 시간 가질 수 있다.

아이 중심으로 돌아가던 하루를 내 쪽으로 움직인 건 새벽 기상과 낮에 나의 시간을 갖기였다. 엄마는 아이를 돌보지 않고 내 시간을 보내는 일에 미안함을 느낀다. 하지만 이런 미안함 접어둔다. 한 번 시작이 어려울 뿐 해보면 바로 다음을 기약하게 된다. 그 이후 주말, 공휴일에도 맡기고 혼자만의 시간을 보낼 때도 있다. 이 시간이 있어야 다음 주말까지도 버텨낼 수 있다. 내가 하고 싶은 일로 시간을 채워야 나도, 가족도 행복하다. 매일, 일주일에 한 번 갖기를 추천하나 불가능하다면 한 달에 한 번이라도 이 시간을 가지며 마음을 충전하기를 바란다.

30 • 똑똑한 엄마는 시간 관리가 다르다

04

꿈이 있어야 하는 이유

10대, 아이돌 가수에 환장했다. 영어, 수학 시간 외에는 졸고 딴짓하고 엎드려 잤다.

20대, 정신 차리고 공부했다. 회사에서 원하는 수준의 업무도 맡았다.

30대 중반, 결혼하고 육아했다. 흘러가는 대로 시간을 보냈다.

복직과 퇴사를 고민하던 그 시절, 하루에 하는 일을 열 단어 이내로 말할 수 있다. 기상, 식사, 육아, 살림, 휴식, 잠, 독서, 외출, 운동. 단순하지만 그렇다고 무료하지도 않다. 식사에는 하루 세끼와 간식이 포함되고 육아에는 놀기, 독서, 재우기, 씻기기 등이 있다. 살림에는 정리, 청소, 빨래, 비우기 등 수없이 많다.

휴직 기간에는 복직하면 지금의 편안한 마음 상태를 그리워할 거 같아 충분히 쉬고 싶었다. 하지만 퇴사를 결정하며 달라졌다. 이렇게 살면 안 되었다. 뭐부터 해야 할지 막막했다. 내가 좋아하던 회계 일은 스스로 그만두었다. 그렇다고 살림만 하는 사람으로 지내기는 싫다. 출퇴근 시간이 정해져 있는 일보다 시간이 자유로운 일을 하고 싶었다. 과거의 나를 떠올려보았다.

꿈이 있고 미래를 꿈꾸던 20대의 나. 좋아하는 분야를 찾았고 매년 목표를 세웠다. 취득해야 할 자격증을 적고 1월부터 12월까지 지치지 않을 정도로 나눴다. 플랜 B는 없었다. 한 번 만에 합격이 목표였다. 밤새며 공부해 합격을 예상할 때도 있었고, 운이 좋아 간신히 붙기도 했다. 2년 동안 차곡차곡 쌓아갔다. 만들어가는 인생이 재미있었다. 취업 후에도 계속했다. 한 단계 더 점프하기 위해서 자격증 공부는 놓지 않았다. 하고 싶은 일을 맡기 위해서 업무에 구멍이 나면 먼저 나서서 처리했다. 일이 많은 시기에는 야근도 당연하게 받아들였다. 20대의 열정과 자세, 엄마가 된 나와 다른 모습이었다.

뭐부터 해야 할까. 무엇을 목표로 잡아야 할까. 역시 이번에도 내가 좋아하는 일을 선택하기로 한다. 그래야만 움직인다는 것을 알기 때문이다. 20살 때부터 회계 하나만 좋아한 나다. 그 외에는 관심을 가지지 않았다. 무엇을 할 때 설레는지 또 눈이 반짝이는지 찾아야 했다. 10대에도 20대에도 한 가지에는 빠져 있었다. 30대는 아직 없었다. 미션이다. 남은 기간에 다시 한번 열정을 불태울 것을 찾는 것.

"시환이 엄마는 교육에 유별나잖아."

아이들이 어린 나이임에도 불구하고 교육관을 형성하고 있던 나에게 던진 말이었다. 거슬리기도 했지만 곱씹어보았다. 교육을 주제로 한 이야기를 할 때는 생각을 확실히 말할 수 있었다. 엄마표 놀이를 하더라도 우리 아이가 더 재미있어 할 만한 요소를 찾는다. 1, 2, 3, 4 숫자를 가르치면서 영어와 중국어로 숫자를 알려준다. 수정토를 가지고 놀 때 크기, 모양, 색깔, 개수, 규칙 등을 놀면서 얘기한다. 다들 이렇게 놀지 않을까, 주위에 물어보니 그렇지 않다고 한다. 이쪽으로 재능이 있는 것일까 알고 싶어 시험 삼아 해봤다.

시환이 친구들을 불러 그림책을 읽고 활동 놀이를 했다. 수업 디자인하는 몇 시간, 시간 가는 줄 모르고 준비했다. 아이들은 독후 활동을 재미있어 했고 엄마들의 반응도 괜찮았다. 하지만 수업 시간마다 한 번은 나오는 "어떻게 해요?"라는 말은 나를 멈칫하게 했다. 아이들은 그냥 하고 싶어 하지 않을까, 그림 그리고 만드는 데 정답이 있는 것일까.

우리 아이들을 위해 배우던 하브루타를 다른 아이들에게도 적용하고 싶은 마음이 든 건 그때였다. 초등학교 1, 2학년 학생들과 하브루타 수업을 했다. 뭘 말해야 할지 모르겠다고 하는 아이들. 생각이 없으니 질문 만들기도 어려워했고 심지어 생각하는 행위 그 자체를 귀찮게 여겼다. 예시문을 보여주면 딱 거기까지만이었다. 3, 4학년도 마찬가지다. 이런 연습을 학교에서도 가정에서도 한 적이 없다. 다양한 질문을 적어놓으면 아이들끼리 질문하고 대답했으나 수업이 지속될수록 여전히 내가 던져주는 질문이 있어야 가능했다. 자연스럽게 스스로 떠올리는 연습이 필요했다. 브레인스토밍과 같은 것. 순간 마인드맵이 생각났다. 우리 아이들이 초등학생이 되면 같이 하려고 한 마인드맵. 아주 기초적인 것만 알고 있었기에 마인드맵 전문가 과정까지 수료했다.

바쁘게 살아간다. 다시 인생이 즐겁다. 활기차다. 툭 던진 한마디로 일하고 있다. 남은 30대를 불태울 수 있어서 감사하다. 이렇게 내 삶이 변화하게 된 계기는 계속 떠올리고 찾았을 때는 행동했기 때문이다. 행동이 없었다면 그다음 일은 일어나지 않았을 테다.

삶의 목표가 없을 때는 어떻게 살아야 할지 구체적인 방법 없이 시간을 흘려보내기만 했다. 생동감, 긴장감, 설렘 전혀 없다. 그냥 하루하루를 보낸다. 다시, 꿈을 가져야 했다. 무엇을 좋아하는지, 하고 싶은지, 관심 있는지 찾아본다. 그것만으로도 하루가 다르다. 한 번 더 쳐다보게 되고 나를 탐색한다. 찾고 방향을 결정하면 행동한다. 행동은 또 다른 행동을 불러온다. 목표가 있는지에 따라 그냥 보내는 삶과 만들어가는 삶의 차이는 크다. 엄마가 되었다고 해서 꿈을 포기해야 하는 것도 아니다. 이루고 싶은 뭔가가 있으면 달성하기 위해 내 시간을 만들려 노력하게 된다. 인생을 만들어갈 엄마를 응원한다.

엄마의 리츄얼 시간

"인간을 지배하는 것은 운명이 아니라 자신의 마음이다."
_ 프랭클린 루스벨트

돌밥돌밥. 밥시간 주기는 왜 이렇게 짧을까. 코로나19로 24시간 같이 있으면서 식사 준비와 간식까지 챙기는 엄마들. 아이들이 컸다고 간식도 든든하게 배를 채울 수 있어야 한다. 하루 세끼, 두 번의 간식을 준비하는 것 외에 집안일도 있다. 양이 만만치 않다.

하루를 다 보내고 저녁 무렵 설거지를 하거나 잠깐 쉬는 여유가 있을 때 또는 자려고 누웠을 때 하루를 돌아본다. 반복되는 육아와 집안일을 하는 내 모습. 결혼 전의 내 삶이 떠오른다. 바꾸고 싶다. 달라지기를 바란다.

퇴사하고 전업주부로 지내니 '쓸모가 있다'는 느낌을 받을 일이 거의 없다. 직장을 다닐 때와는 달랐다. 회사에서는 가치가 있었고 더 떨어지지 않기 위해 공부도 계속했다. 업무 경력 7년 7개월. 그동안 다른 사람들에게 도움을 주었던 3가지 사건이 떠오른다.

첫 번째는 부가가치세 수정 신고로 1억 3,000만 원을 환급받은 일이다. 이직하고 3일 만에 중복 신고임을 확인했다. 수정 신고로 큰 금액을 환급받은 경우는 처음이라 기억에 남는다. 두 번째는 자금 추정 자료를 보고했을 때다. 거래처의 자금 사정 악화로 회사도 대비가 필요했다. 평소 관리하는 자금 파일과 영업, 구매팀에서 받은 자료를 바탕으로 연말 자금 상태를 예상했다. 경영진은 이 자료를 바탕으로 의사결정을 할 수 있었다. 세 번째는 직원들에게 엑셀 사용법을 알려줄 때다. 앞의 2가지보다 눈에 띄는 성과라고 말할 수는 없으나 가치에 대한 말을 하는 이유는 함수의 활용에 따라 일을 더 편리하게 할 수 있기 때문이다. 복잡한 함수를 사용하지 않고도 원하는 결과가 나오도록 수식을 다시 만든다. 일할 때 시간이 적게 걸리고 장기적으로는 단순한 일보다 관리하는 방향으로 일을 할 수 있게 해준다.

업무 담당자가 아니더라도 같은 사무실에서 들리는 이야기를 들으며 일머리를 키운 탓에 바쁠 때는 다른 사람의 일을 하기도 했다. 그렇게 필요할 때마다 누군가에게 도움 주던 나는 육아와 살림을 하는 나를 하찮게 바라보고 있다. 다른 사람이 보는 나는 말할 필요도 없다.

매일 밥과 집안일을 한다. 혜진이 덕분에 문제를 발견하고, 대책을 세우고, 일이 빨라지는 일은 없었다. 그저 육아와 살림하는 나만 있을 뿐이다. 다른 사람들은 당연히 내 일이라고 여겼다. 매일 하는 일에 수고했다는 말을 듣기가 힘들다. 나는 매일 뭐 먹을지 반찬을 고민하고 정리가 안된 집을 보며 힘들어하고 있을 때 남편은 승진을 이야기하고 있다. 나도한때는 욕심 많던 사람이었는데. 그래서 지금의 상황에 상실감이 크다.

외출하지 않으면 잘 때 입은 옷을 하루 내내 입고 있다. 옷부터 갈아입기로 했다.

"엄마 어디 가?"

서하가 묻는다. 어디 안 간다고 대답한다. 그런데 왜 외출복을 입냐고묻는다. 아이가 물으니 열두 살이었던 내가 떠올랐다.

"엄마 어디가?"

엄마에게 물었다. 어디 안 간다고 했다. 근데 왜 화장했냐고 물었다. 이제 그때의 엄마 나이가 되었다. '예뻐 보이려고, 손님이 집에 오니까, 하고 싶어서?'라고 생각하고 있을 때,

"엄마 왜 외출복 입냐고?"

"서하야, 이제 엄마가 집에 있을 때 옷 갈아입으면 엄마 시간 가진다는 뜻이야. 엄마는 그 시간에 책 읽고 공부할 거야. 그래서 너희들이 엄마를 도와주면 좋겠어. 엄마는 그런 시간이 있어야 행복해."

아이들이 그렇게 하기로 했다. 대신 나의 시간을 가지는 동안 아이들도 행복할 수 있는 시간이 필요할 거 같았다. 평소 TV 노출 시간에 제한이 있는 아이들에게 시청 시간을 좀 더 허락했다. 코로나로 집에 같이 있는 동안 일정한 시간이 되면 옷을 갈아입었다.

지금 우리 아이들은 학교와 유치원에 간다. 아이들이 집에 없는 오늘도 내 시간을 가지기 전에 옷부터 갈아입는다. 이렇게 하나의 리츄얼을 만든다.

스트레스, 막힌 곳 풀어주기

'지금, 당신은 행복한가?' 서하가 돌이 되지 않았을 때 육아서를 읽으며 책을 덮었다. 자신 있게 "예!"라고 대답할 수 없었다. 오히려 "아니요."라고 망설이지 않고 말할 수 있었다. 사람은 행복하게 살기를 바라는데 그러기 위한 노력조차도 없어 보였다. 행복해지기 위해 매일 웃는 연습을 하라고 한다. 거울을 보았다. 무표정한 얼굴, 불만족인 표정. 금세 뒤돌아섰다.

나의 희생으로 몸과 시간이 빼앗긴다고 생각했다. 하루 24시간 내내 같이 있었으니까. 거기에 '나'로 살아가는 모습은 없었다. 내가 원하는 모습, 나로서 살아가기, 나의 행복을 찾기로 했다. 엄마가 행복해야 아이도 행복하다는 말이 있다. 조건 없이, 역할에 상관없이 만족을 느끼고 싶다. 엄마가 아니라 내가 행복하길, 그런 삶을 살아가길 바랐다.

나의 모습을 살기 위해 살림과 육아가 아닌 다른 일에 집중하는 것은 어떨까. 그동안 버거웠다. 둘 다 처음 하는 일이어서, 잘 몰라서. 다들 쉽게 하니까 막힐 때마다, 찾아야 할 때마다, 마음대로 잘 풀리지 않을 때마다 나의 역량에 불만을 품으며 스스로 힘들게 했다. 한 번뿐인 인생이다. 좀 더 가볍게, 즐기면서 살아도 되지 않을까? 그러기 위해서 스트레스를 좀 덜 받으면 된다.

살림을 버리고 책을 취하는 작전을 썼다. 주방 퇴직은 늘 꿈꾸고 있지만 그렇다고 지금 완전히 손놓을 수 없다. 부담감 덜어내는 일부터 먼저다. 보통 내려놓는다고 하는데 그 정도 수준처럼 마음을 편하게 먹는다. 아니면 그 일을 대체할 사람이나 제품을 찾는다.

건조기의 필요성을 느끼지는 못했지만 해가 짧게만 들어와 옷에 냄새가 나기 시작하며 결국 샀다. 2~3시간 안에 옷이 마른다는 이야기는 2~3시간 뒤에 빨랫감을 개어야 함을 의미한다. 옷을 털어내는 수고로움은 덜었지만 끝나는 시간이 애매했다. 오전에 세탁기와 건조기를 돌리고 나면 서하의 밥시간, 낮잠 시간 그리고 나면 시환이의 하원 시간이다. 바로 개어 서랍에 넣을 수 없는 때가 많아 건조기 안에 두기로 했다. 아이들이 옷이 없다고 하면 건조기에서 꺼내준다. 옷을 갈아입어야 하면 아직 개지 않은 옷 중에서 먼저 고르라 한다. 그러면 빨래 정리 시간이 단축된다.

요리할 때마다 머리가 아프다. 타고난 감각이 없는 듯하다. 지금까지 요리한 시간이 있는데 늘어난 실력은 칼질뿐이다. 양념할 때 무엇을, 얼마나 넣어야 하는지에 대한 감이 전혀 없고 알고 싶지도 않다. 레시피 없이는 요리할 수 없다. 이런 나를 보고 남편은 이제는 알아서 할 수 있는 거 아니냐는 말에 대대로 내려오는 맛집의 비결인 정량화를 말해준다. 주 반찬은 당당하게 방법을 보고 밑반찬은 사 먹는다. 이것만으로도 숨통이 확 트인다.

새로 생긴 시간에 하고 싶은 일을 한다. 책을 들었다. 취미가 뭐냐는 질문에 독서라고 말할 순 없었지만 스무 살 때부터 책을 조금씩 읽고 있었다. 그동안 읽은 책은 육아서였는데 이론대로 되지 않아서 다른 책을 골라봤다. 글의 몰입력 때문에 소설을 읽었고 자극받고 변화하기 위해서 자기계발서를 선택했다.

나의 행복을 위해서 2가지를 했다. 하고 싶은 일 찾기, 하기 싫은 일 최소화하기. 지금도 변함없다. 모든 일을 혼자 해야 한다고 생각하지 않는다. 내가 주도적인 삶을 살고 싶은 마음이기 때문에 내 마음대로 할 수 없었던 그 시기가 행복하지 않았다. 이제, 내가 바라는 삶으로 살아간다.

아이가, 가정이 행복하기 위해 엄마의 행복을 찾지 않는다. 내가 행복한

하루로 채워간다.

07

엄마의 워라밸로 균형 찾기

"인생의 가치, 그리고 일과 가족과 친구들 사이의
만족스러운 균형을 찾는 것이 가장 중요하다."
_ 필립 그린 경

몰입이라는 단어를 좋아한다. 푹 빠져 있으면 재미도 있고, 시간 가는 줄도 모른다. 확장하기에도 좋다. 하지만 결혼과 동시에 모든 신경이 분산된다. 특히 아이까지 있다면 한 가지에만 빠져 있을 수 없다. 결혼 전에는 일과 취미로 균형을 유지했다면 결혼 후에는 내가 완전히 빠졌고 육아와 살림만 남았다. 육아 8년 차. 지나고 보니 자녀의 시기별로 나에게 투자할 수 있는 시간의 양이 다르다는 점을 깨닫는다. 미리 알았더라면 좀 더 즐기면서 보낼 수 있을 텐데, 지금 나는 어디에 속하는지부터 파악한 후에 내 시간을 가지면 좋겠다.

신생아일 경우 엄마의 휴식이 먼저다. 임신 후기 때부터 통잠을 자지 못한다. 배 속에 있을 때가 가장 편하다는 말이 진리임을 깨닫는 때가 아이와 같이 집에 왔을 때부터이다. 왜 우는지, 무엇이 불편한지도 몰라 예민해진다. 수유한다고 새벽에 최소 두세 번은 깬다. 트림을 시키고 눕혀 재우면 어느새 잠이 달아났다. 잠시 스마트폰을 보기도 하고 다시 잠을 자려 눈을 감기도 한다. 몸 회복을 위해 아이 낮잠 자는 시간에 같이 자야 엄마의 몸도 마음도 덜 힘들다. 나의 경우 낮잠 자는 시간이 아까워 책을 읽었다. 아니면 아직 아이이면서 동생이 생긴 시환이와 놀았다.

출산 후 2주가 지나니 이가 시리기 시작했고 괜찮아지면 코 안이 따가웠다. 그리곤 얼굴 전체에 뾰루지가 올라왔다. 피부에 문제가 생긴 적이 처음이었다. 약 한 달간 몸이 아프고 나서야 쉬기 시작했다. 책 덮고 같이 잤다. 잠이 오지 않으면 눈만 감고 있으려고도 했다. 아니면 이해하기 어려운 내용의 책을 가지고 와서 읽는다. 세 장 넘기지 못하고 하품한다. 아이가 어릴 때는 엄마의 몸 회복부터가 먼저였다.

신생아를 지나 15개월 무렵까지는 낮잠도 두세 번, 이유식, 수유, 간식도 챙겨야 한다. 이 시기가 가장 정신이 없다. 칭얼거리고 엄마만 따라다닌다. 이가 날 때는 잠, 컨디션, 먹는 양 등 신경 써야 할 게 많다. 아이가 깨어 있는 시간 사이에 해야 할 일도 많아서 내 시간을 가지기가 어렵기도 하다. 이럴 때는 딱 하루 10분 추천한다. 거실에 누웠다. 하늘을 봤다. 길지 않아도 이 시간마저 없으면 아이를 볼 때 웃지 못했다. 시간을 정해, 내 몸이 원할 때 온전히 나만의 시간을 가졌다. 10분 휴식, 10분 독서, 10분 운동으로도 마음이 충전된다. 이 시간을 통해 '나'를 잊지 않는 연습을 한다.

하루에 낮잠 한 번 자며 3시간 정도 자는 시기가 온다. 아이도 혼자 노는 시간이 제법 늘었다. 집안일은 그런 시간에 해치운다. 낮잠 자는 시간이 기다려진다. 내 시간, 이제는 통으로 보낼 수 있다. 이 시기에 책을 가장 많이 읽었다. 이때 좋아하는 분야를 찾고 여러 가지를 시도해보면 좋겠다.

아이들이 어린이집을 다니기 시작하면 시간의 여유가 생긴다. 보통 아침 9시 30분부터 오후 3시까지. 아이들이 다녔던 어린이집은 3시 30분이 되면 신발장에 몇 켤레의 신발만 남아 있다. 오후 늦게 데리러 가면 괜히 아이에게 미안했다. 오전 등원 시간을 정해놓았다. 걸어서 다녔기 때문에 언제 가더라도 문제없었지만 내 시간을 갖기 위해서다. 병원 가는 날은 9시 30분까지 등원하기 위해 일찍 나섰다. 그래야만 더 많은 내 시간을 확보할 수 있기 때문이다. 둘째까지 기관에 보내고 나서야 여섯 시간 정도를 어떻게 보낼지에 대해 계획하게 되었다. 이 여섯 시간 중 나의 시간을 최대한 많이 가지는 것이 핵심이다.

초등학교 입학. 아이 보내고 뒤돌아서면 집에 온다고 했다. 방과 후와 학원을 보내며 조금 더 시간을 가진다. 학원 마치는 시간과 유치원 하원 시간을 맞춘다. 오후에는 아이를 데리러 학교, 학원에 갈 수도 있으니 오전에 내 시간을 보낸다.

이렇듯 시기별로 가질 수 있는 내 시간의 양이 다르다. 그래서 내 시간이 없어서 힘들어하기보다 아이의 발달에 따라 엄마의 충전, 성장 시간을 달리 가졌으면 좋겠다. 아이가 커갈수록 육아와 살림에서 조금씩 벗어나 나의 시간으로 채우면 된다.

살림하는 데 보내는 시간도 만만치 않았다. 손이 느려 저녁 준비 시작부터 마무리까지 2시간 넘게 걸린다. 이 시간을 당기고 싶었다. 그래서 반찬을 사 먹는다. 국물류는 밀키트를 활용한다. 아이들을 위한다는 목적으로 모든 요리를 했지만 잘 먹지도 않았다. 시간을 돈 주고 살 수 없다고 하는데 반찬을 사면 다른 일할 시간을 벌 수 있다.

아이들 식판을 없앴다. 밥, 국, 3가지 반찬을 담는 식판에 반찬이 하나라도 없으면 아이들이 한마디씩 했다. 반찬은 칸이 있는 접시가 아니라 평평한 것으로 사용한다. 반찬이 많으면 많은 대로 없으면 없는 대로. 가짓수 신경 쓰지 않고 잘 먹는 반찬으로 준다.

이렇게 했더니 아이들과 조금 더 놀 수 있었다. 책 한 권 더 읽어줄 수 있었다. 낮에 하지 않은 집안일을 할 시간이 생겼다. 무엇보다도 주방,

요리에 대한 부담감이 줄어들었다. 스트레스가 줄어드니 아이들을 보면서 한 번 더 웃을 수 있다.

일과 삶의 균형을 말하는 워라밸. 직장인은 퇴근을 일찍 하기 위해서, 업무를 마치기 위해서 효율적인 업무 방법을 고민한다. 기업은 유연한 출퇴근 시간을 도입하고 직원들의 문화 사업을 지원하기도 한다. 점점 확대하는 추세다. 어떤 남편은 회식, 모임하고 집에 늦게 들어온다. 누군가는 운동, 공부와 같은 자기 계발을 한다. 또는 집에서 워라밸을 찾는다며 일찍 들어온다. 일찍 오는 대로 또 늦게 들어오는 대로 아내는 집안일이 많다. 그 누구도 엄마의 워라밸을 강조하는 사람은 없다. 그래서 각자가 찾아봐야 한다. 문제점을 찾아내고 해결책을 궁리해야 한다. 코로나19로 엄마와 나의 균형이 무너졌다. 이제, 다시 균형점을 찾아야 할 때다.

08

나의 장점 활용하기

"우리 말보다 우리의 사람 됨이 아이에게 훨씬 더 많은 가르침을 준다.
따라서 우리는 우리 아이들에게 바라는 바로 그 모습이어야 한다."
조셉 칠튼 피어스

엄마. 영국문화협회가 비영어권 국가 4만 명을 대상으로 가장 아름다운 영어 단어를 묻는 조사에서 1위가 'mother', '엄마'라고 한다. 맞다. 엄마를 떠올리면 그렇다. 포근한 엄마 품과 따뜻한 엄마의 마음, 희생 때문에 그런 것이 아닐까. 아름답기만 하면 얼마나 좋을까. 실제 엄마가 되고 나니 책임감으로 무겁기만 하다. 다양한 역할도 힘들지만 건강한 정신을 가진 아이로 교육하는 게 보통 일이 아니다. 내 말과 행동이 다르다면 더욱 그렇다. 그래도 아이를 위한 일이라 포기할 수 없다. 아이에게 부족한 모습이 보이면 엄마 탓, 엄마가 그렇게 키워서라는 이야기를 듣는다.

이 무게를 조금 내려놓기로 했다. 가짜 엄마 말고 내가 보여줄 수 있는, 내가 가진, 나 그대로의 모습을 보여주기로 한다. 단점을 인정하고 강점을 더 드러내기로 변경한다. 내 기준에서 판단한 강점이고 아이들이 나를 통해 배웠으면 하는 모습이므로 사람마다 다를 수 있다.

하나는 '독서'이다. 책을 많이 읽는 사람은 아니다. 적게는 한 꼭지, 많을 때는 한 장(chapter)을 읽는다. 책을 읽으며 생각을 확장해간다. 누구와 함께 있었던 일인지, 어떤 일이 일었는지, 기분은 어땠는지, 다음에도 비슷한 일이 생긴다면 어떻게 할 것인지, 이 단어나 문장이 어떤 의미를 이야기하는지, 결국 여기서 말하고자 하는 건 무엇인지 등 나와 대화한다. 처음에는 좋은 문장을 보면 밑줄만 쳤다. 또 책을 많이 읽으려고 했다. 문자를 있는 그대로 보기만 한다는 것을 깨달았다. 권수는 늘어나지만 사고가 깊어지는 느낌이 전혀 없었기 때문이다. 하지만 아이에게 책을 읽어줄 때는 달랐다. 경험을 끄집어내는 질문을 하고, 기존 지식을 상기시켜 결합하는 대화를 한다. 내 아이에게는 이렇게 독서를 하면서 정작 나는 하지 않고 있었다. 다독보다 정독하는 습관을 들이고 있다. 책을 읽고 질문하며 나를 알아가고 있다. 매일 책을 읽는다. 아이들이 있을 때도, 없을 때도.

자녀가 독서하기를 바란다면 부모가 책 읽는 모습을 보여주라고 한다.

아직 한글을 읽지 못하는 서하가 있어 같이 책을 읽기보다는 목소리로 들려준다. 내 책은 아이들이 없는 시간에 읽고 있다. 그래서 아이들은 엄마가 책을 읽는지 모를 수 있다. 대화할 때 '책에서 봤는데.'라는 표현을 쓴다. 또는 잠자리 독서 시간에 낮에 읽은 책에 대해 짧게 이야기한다. '우리 엄마=독서가'라는 점을 은근히 노출시킨다.

또 하나는 '일과 공부에 열정'적인 모습을 보여준다. 하고 싶은 일을 할 때, 그것을 위한 공부를 할 때 눈이 반짝이고 가슴이 두근거린다. 결과물을 만들어 내고 나의 도움으로 인해서 문제가 해결될 때 즐겁다. 다시 일을 시작했다. 하브루타 1시간 강의를 위해서 평균 6시간 준비한다. 주제 선정부터 시작이다. 수업 전 강의 계획서를 작성하며 주제와 책은 정해 놓았지만 수업하는 아이들의 성향에 따라 변경하기도 한다. 그림책을 읽고 질문을 만들고 나의 대답을 적는다. 아이들의 반응을 예상하며 수업을 디자인한다. 아침 9시에 유치원 등원시키고 4시 하원에 맞춰 끝낸다. 이런 날은 아이에게 나의 이야기를 들려준다. 유치원에 간 시간 동안 무엇을 했는지, 일하는 동안 어떤 감정이었는지에 대해 말한다.

공부했을 때도 마찬가지다. 어려운 내용이었지만 파고들어 결국 이해했던 경험, 공부 도중 잠을 이겨낸 방법, 그 과정에서 느낀 기분을 나눈다. 고등학생까지 공부하지 않았고 대학생이 되고 나서야 공부를 시작했던 이야기도 빠지지 않는다. 이렇게 대화를 하는 이유는 2가지가 있다. 하나는 학교 졸업 후에도 계속 무엇인가를 배웠으면 하는 마음이 있다. 또 하나는 공부로 어려움을 이겨내는 연습을 하고 그 경험으로 인생의 난관을 만날 때 극복하기를 바라는 소망이 있기 때문이다.

마지막 하나는 '새벽 기상'이다. 어두컴컴한 새벽에 눈을 뜬다. 아이는 엄마가 언제 일어나는지, 무엇을 하는지 알고 있다. 지금은 아이들이 어리니 나처럼 새벽 기상을 했으면 좋겠다는 생각은 하지 않는다. 그저 깨지 않고 목표한 새벽 시간을 보낼 때까지 자줬으면 한다. 아직 잘 모르는 아이들이지만 어두운 밤에 몸을 일으켰을 때의 뿌듯함, 잠의 유혹을 떨쳐내고 일어났을 때의 쾌감, 내 시간을 보낸 만족감 등을 아이에게 들려준다. 밤에도 충분히 활용할 수 있음을 짚어주며 사람마다 다른 생활 방식이 있다는 점도 알려준다. 장기적으로 나를 돌아보고 성장시키는 시간이 필요하다는 사실을 알면 좋겠다는 마음으로 보여주고 있다.

내가 살아야 했다. 건강하게 살아야 했다. 엄마의 역할이 무거웠다. 주로 혼자서 아이들을 키우니 좋은, 올바른 가치관에 대해 집착하고 있었다. 나의 부족함으로 아이들이 한마디 듣는 게 싫었다. 나는 그 좋은 인성을 다 갖추지 못했고 보여주지 못하는데 아이들에게는 강요하고 있었다. 말로만 이야기하는 엄마가 아니라 행동으로 보여준다. 잘하고, 좋아하고, 하고 싶은 일을 하는 나의 이야기를 들려준다. 이것만으로도 엄마의 부담감과 책임감은 한결 가벼워진다. 이것이야말로 아이들에게 줄 수 있는 건강하고 올바른 모습이 아닐까.

제2장

꼭꼭 숨은
엄마만의 시간 찾기
노하우

Time Management

집안일 신경 끄기의 기술

"과감하게 행동하면 후회가 없다."
「서경」 중

집안일로 하루를 다 보내 미칠 지경이다. 하기 싫은 집안일이지만 할 때는 일정 수준만큼 해야 한다. 완벽해서가 아니다. 잔소리를 듣지 않을 정도로 하기가 첫 번째였다. 두 번째는 오늘 하면 내일은 덜 할 줄 알았다. 하루 이틀이 쌓여 집이 정리되면 집 분위기도 달라지고 살림으로부터 자유로워지리라 기대했다. 아이들이 어지럽히면 정리하는 속도가 따라가지 못했다. 장난감 정리하고 나면 10분 만에 또 어지럽히는 상황이 연출된다. 성공의 맛을 보는 게 아니라 허탈의 감정이 계속 쌓인다. 그리고 손을 조금 놓는 순간, 어지러운 집에 불만인 목소리가 들려온다. 잔소리 듣기 싫어서 다시 한다.

방문을 닫았다. 아이들의 장난감이 가득한 곳이다. 어린이집과 유치원 가기 전까지 아이들이 놀았다. 내복은 뒤집혀서 방바닥에 널브러져 있다. 레고 작품은 부서지지 않게 다른 곳으로 옮겨야 한다. 이 방을 치우는 데만 최소 30분이 걸린다. 청소하지 않는다. 눈에 보이면 가게 되니 살짝 문을 닫는다. 일할 때도 아침 출근 후가 집중이 잘되는 시간이었다. 가장 효율이 좋은 시간, 아이들을 보내고 혼자 있는 시간의 시작을 청소부터 하지 않기로 했다. 내가 하고 싶은 일에 최소 30분은 보내기로 마음 먹는다.

처음에는 계속 신경이 쓰인다. 다른 방문은 다 열려 있는데 하나만 닫혀 있으니 답답하다. 싹 정리하고 개운한 마음으로 내 시간을 보내고 싶기도 하다. 하지만 그건 이미 해봤다. 다른 일부터 먼저 하면 계속 집안일만 하게 된다. 한 군데 청소하고 나면 다른 곳이 눈에 띄기 때문이다. 방문 하나만 닫는다고 될 일도 아니다. 아이들이 먹었던 식탁, 그릇과 수저가 쌓인 개수대가 눈앞에 보인다. 주방은 문도 없다. 여태까지 식탁 정리까지만, 설거지까지만 또 청소기까지만 하다가 아이들 하원 전 제대로 휴식하지 못하고 허무하게 보낸 날들이 많았다. 내 공간이 있으면 거기서 나오지 않아도 될 텐데 식탁이 그 자리라 안 치울 수가 없었다.

방문을 닫고 식탁 정리만 한다. 딱 거기까지만 했다. 개수대를 등지고 앉아 책을 펼쳤다. 폰은 방해 금지 모드를 설정한다. 알람을 맞춰 놓고 30분 동안 책 읽는다. 이전에는 집안일 하다가 시간이 조금 생기면 쉬었다. 하원 전 여유가 있으면 책을 읽었다. 아이들이 오는 시간 전에 읽다 보니 마음이 급하다. 집안일에 눈을 딱 감은 그때부터는 편안하게 읽는다. 시간을 정해놓긴 했지만 조금 더 읽어도 괜찮았다. 하루 30분을 가지는 것부터 시작했다. 개수대에 쌓인 식기류를 보고도 아무렇지 않을 때, 방문도 열어놓았다. 식탁 쪽으로 햇살이 더 들어온다.

30분으로 시작해서 내 시간을 가지고 나면 만족스럽다. 운동도 하고 휴식도 취한다. 집안일 다 하고 쉬지 않고 피로부터 먼저 푼다. 이렇게 보내고 남은 시간에 집 정리, 설거지, 청소, 빨래 정리, 반찬 만들기 등을 한다. 사람은 시간이 없으면 그 안에서 최대의 효과를 내려고 한다. 회사에서 일할 때는 일머리가 없다는 말을 들어본 적이 없는데 집안일 할 때만큼은 손도 느리고 요령도 없어 보인다. 빨리하고 싶지만 잘 안 된다. 음악 앱에서 노동요를 검색한다. 최신 노래는 접어두고 알 만한 노래 모음집을 틀어놓으면 더 즐겁게 할 수 있다. 백화점에서 느린 음악을 트는 이유를 듣고 힌트를 얻었다. 손이 빨라지길 바라니까 신나고 빠른 곡으로 선택한다.

만능 슈퍼우먼이 아니다. 스트레스를 받으며 억지로 할 필요 없다. 다 잘하려는 마음은 접었다. 집안일, 목표를 최소로 잡는다. 스트레스 덜 받는다. 아침 먹고 난 그릇 설거지, 점심 때 한다. 다 돌아간 건조기 안의 옷, 손으로 쫙쫙 펴서 바닥에 차곡차곡 쌓아놓는다. 계속 건조기에 넣어두면 옷이 구겨져 다림질하는 데 시간을 보내야 한다. 정리와 청소는 오후의 할 일로 정했다. 반찬은 사 먹는다. 메인 반찬, 주 세 번 한다. 에어프라이어를 사용한다. 그 시간에 다른 일 할 수 있다. 내 시간을 가지기 위해서 집안일 이렇게 한다. 그렇게 만든 내 시간, 오전에는 집중하고 몰입해야 하는 일을 하고 있다.

아이들 등원 후 혼자 있는 동안 온전히 나에게 집중할 수 있는 시간을 가진다. 거창하게 준비하지 않는다. 어질러진 방문 닫고 내가 있을 곳만 정리한다. 이후 하루 30분 보내기부터 시작해본다. 집안일 쉬지 않고 해도 끝이 안 난다. 내 시간 먼저 갖고 남은 시간에 집안일을 효과적으로 처리한다. 정리와 청소를 하기 싫다고 피할 수 있는 일이 아닌 이상, 더 즐겁게 할 수 있는 방법을 찾는다. 부담감 내려놓기, 오전 시간 확보, 남은 시간 효율적으로 집안일하기가 내가 하는 방법이다. 내 시간, 내 행복 스스로 찾아간다.

생각 많은 날, 걷기

"진정 위대한 모든 생각은 걷기로부터 나온다."
_ 프리드리히 니체

몸도 움직이지 않고 아무것도 눈에 들어오지 않는 날의 첫 번째 상황은 '생각이 많은 날'이다. 내 미래, 아이들 교육, 가족 건강, 가계 재정 등. 고민이 한두 개가 아니다. 지인에게 상담하기도 하고 인터넷으로 검색해보기도 한다. 나와 딱 떨어지는 상황, 명쾌한 대답을 찾기가 힘들다. 머릿속이 복잡한 생각으로 가득 차 있을 때, 운동화 신고 나가 걷는다.

복직과 퇴사를 고민할 때 같이 결정을 내린 게 있다. 지금은 퇴사, 아이들이 크면 다시 일할 것. 집에만 있으며 일할 마음은 더 강해진다. 어떤 일을 할 수 있을까 고민했다. 아이들이 다섯 살, 세 살이었다. 다른 엄마들은 크게 고민하고 있지 않았다. 누군가는 육아휴직 중이었고, 어떤 사람은 일할 생각이 없었다. 아니면 감을 잃지 않을 정도로 한 주에 두 번 일하고 있었다. 또 다른 사람은 아이가 열 살은 되어야 좀 더 편한 마음으로 일할 수 있다고 판단해 그때 가서 고민한다고 했다. 준비해서 가능하다면 빨리 일하고 싶은 마음이 든다. 아이들 등 하원 시간에 맞춰 할 수 있는 일을 하고 싶다. 내가 좋아하는 것과 하고 싶은 일을 떠올려도 보고 종이에 끄적여도 봤다. 찾기가 쉽지 않았다.

생각을 멈추고 펜을 놓았다. 미세먼지를 확인한다. 신발장을 열어 등산화를 신는다. 시간 여유가 있으면 산에 간다. 차 타고 30분 가야 한다. 힘든 코스가 없고 사람들도 적잖이 다니는 곳이다. 자전거 타고 오는 사람들도 있고 여러 번 와봐서 혼자 가도 무섭지 않다. 햇살을 받으면 따뜻하다. 숨을 쉴 때마다 들어오는 나무 향으로 기분이 상쾌해진다. 초록색의 잎을 보니 마음이 평온하다. 도시에서 맡을 수 없는 흙냄새도 산을 찾게 되는 이유다. 가볍고 편한 마음으로 걷는다. 초반에는 새소리에 귀 기울이며 걷지만 평평한 길을 만나면 속도를 늦춘다. 멈췄던 생각을 다시 한다. 사람들이 없을 때는 혼잣말도 해가면서. 습관적으로 고개를 숙이게 되는데 일부러 높은 나무를 쳐다보려 한다.

하고 싶은 일을 찾았을 때도 등산화를 신었다. 너무 많아서였다. 다 하고 싶은 마음을 접어야 했다. 출발하기 전에 종이에 리스트를 적어놓고 사진 촬영을 한다. 평지 길에 도착하면 천천히 걷기 시작한다. 벤치에 앉아서 스마트폰을 꺼내어 찍은 사진을 본다. 지금 내게 어떤 것이 우선일지, 필요한 일부터 추려낸다. 가만히 앉아 있어서 추위를 느끼면 일어서서 스트레칭도 하고 걷는다. 무엇부터 먼저 할지 정리되면 올라간 길을 다시 돌아온다.

집에서 생각하는 것보다 자연을 보며 걸을 때 정리하면 더 여유로웠다. 떠올리지 않았던 생각이 나기도 한다. 그래서 머릿속이 복잡한 날이면 걷는다. 아파트가 많은 동네보다는 나무가 있는 곳이나 물소리가 들리는 곳을 선호한다. 자연의 편안함 속에서 생각하고 정리하는 시간이 좋다.

시간이 여유롭지 않거나 미세먼지가 좋지 않은 날에는 집에서 가장 좋아하는 공간으로 간다. 대구의 아파트에서 살 때는 거실 창가가 그 자리였다. 거실 바닥에 누워 하늘을 쳐다본다. 비행기가 지나가는 길이라 누워 있는 동안 적어도 한 대는 본다. 하늘을 보며 또 고민거리를 혼잣말한다. 필요한 건 종이에 적거나 나에게 보내는 카카오톡 창에 남긴다. 지금 이사 온 곳은 대구 집과 다르다. 산의 능선이 보인다. 공기도 좋고 햇빛 들어오는 시간도 더 길어졌다. 창문을 열어 놓고 거실 창가에 선다. 글을 쓰고 있는 요즘, 기억이 뚜렷하게 나지 않을 때면 자리에서 일어나 창가로 간다.

산에서 걷거나 자연을 보며 생각하면 좋았다. 식탁과 책상보다는 탁 트인 곳에서, 넓은 자연을 바라보며 정리하면 집에서 할 때보다 마음이 편안하다. 해결하지 못해도 괜찮았다. 미처 떠올리지 못한 부분이 생각 나거나 좀 더 날카롭게 접근할 수 있었기 때문이다. 이 시간을 보내고 나 면 오후에 집안일 할 수 있는 마음의 여유가 생긴다.

걷기. 다른 사람들이 한다고 하니 걸었다. 생각이 정리된다고 하니 나 도 도움이 될까 싶어 따라 한 일이다. 종이에 해결하고 싶은 주제와 내용 을 적는 일도 정리하는 데 보탬이 된다. 핵심을 파악하고 새로운 아이디 어를 얻으려면 사색할 시간이 필요하다. 책의 글자만 읽어 내려갈 때 얻 는 것 하나도 없다는 사실을 알았다. 독서를 할 때 나와 대화하는 시간을 가지며 깨달음을 얻듯, 자연에서 걸을 때 생각을 정리하며 문제 해결의 실마리를 찾는다.

요즘도 답답한 고민이 있을 때면 밖에 나가 걷거나 거실에 선다. 집에 있으며 끙끙 앓고 있으면 내 시간에도 집중할 수 없고, 집안일도 제대로 하지 못한다. 스마트폰 보며 그저 시간을 흘려보내기만 한다. 머리가 복 잡하다고 해서 내 시간 놓치기도 아깝다. 집안일 안 해버리면 다음 날은 더 하기 싫다. 문제를 해결하기 위해서는 생각할 시간이 필요하다. 명쾌 하게 정리될 때도, 일부만 찾기도 하지만 이 정도로도 충분하다. 다른 일을 할 수 있는 마음과 에너지가 생기기 때문이다. 집에 와서 나의 시간을 가질 수도 있고, 오랫동안 이 상황을 끌고 가지 않아서 좋다. 그래서 생각이 많은 날, 나갈까 말까 고민하지 않는다. 그냥 운동화 신고 밖으로 나간다.

03

속 시끄러운 날, 정리하기

"주변 환경이 깨끗하면 행복해지고, 동기부여가 되며, 건강해진다."
_ 라일라 기프티 아키다

몸도 움직이지 않고 아무것도 눈에 들어오지 않는 날의 두 번째 경우는 '속 시끄러운 날'이다. 하소연하고 싶은 날, 부부싸움을 한 날, 아이들 일로 속상한 날, 사람들과의 관계로 힘들고 답답한 마음이 들 때다. 이런 날은 온전히 나의 시간을 보내기가 어렵다. 생각이 다른 곳에 있고 마음이 무겁기 때문이다.

우리 부부는 다툼이 많지 않다. 싸움 자체를 싫어하는 성향이기도 하다. 가끔 의견이 충돌될 때가 있다. 대화하다 서운했던 과거의 일까지 나오면 감정이 상한다. 남편은 아침에 회사 출근한다. 나도 나가고 싶지만 이런 날 집은 또 왜 이렇게 어지러운지, 할 일이 많은 게 눈에 보인다. 집에서 나와 몇 시간 드라이브를 가거나 카페에 가기도 했다. 친구를 만나 수다를 떨기도 했다. 외출 그 자체가 귀찮은 날에는 온라인 쇼핑을 하고, 뉴스 기사도 읽는다. 유튜브도 흥미 없을 때까지 보고 SNS를 하며 평소에는 남기지 않는 댓글을 적기도 한다. 하루 내내 스마트폰을 보는 것이다. 이렇게 보낸 하루, 만족스럽지 않았다. 집에 들어오거나 폰을 내려놓으면 해야 할 일이 다시 보인다. 차라리 이 시간에 청소나 할걸 싶다.

　그래서 마음이 답답한 날은 정리하고 청소해봤다. 당장 눈앞에 어질러진 식탁과 주방을 정리했다. 하고 나니 집이 정돈되고 시간도 알차게 보낸 듯하다. 폰 보는 것보다는 나으니까. 답답한 마음도 풀린다. 그 사람이라면 어땠을까 하는 생각도 든다. 이 감정을 느꼈다면 내 시간을 보낼 수 있는 마음의 여유가 생긴다. 집 정리도 되고 답답한 마음도 풀리니 마음이 무거운 날, 안 할 수가 없다.

　먼저 욕실로 향한다. 청소할 때가 되지 않았더라도 지금 해놓으면 다시 시간을 내지 않아도 되니 간다. 바닥과 벽 틈새 구석구석에 더 집중해서 닦는다. 바닥 닦는 소리를 들으면 속이 시원하다. 세면대 수전이 반들거리면 괜스레 기분이 좋다. 몸을 움직이니 좀 낫다. 복잡한 마음, 잠시 잊게 된다.

다음은 주방으로 향한다. 이곳도 지금 안 하면 며칠 이내로 손이 가야 하는 곳이다. 정리한다고 다시 시간 내지 않기 위해 상판을 깨끗하게 정리한다. 편의상 유치원의 안내문을 식탁 옆에 두었는데 기간이 지난 종이는 파일에 모아둔다. 시간 많이 걸리지 않는다. 정리 후에 가족들이 제일 먼저 알아봐주는 곳이기도 하다.

다음은 아이들 장난감 방이다. 지인들이 놀러 오면 키즈카페 수준이라는 방, 발 디딜 틈도 없을 때는 정리하고 싶은 의욕이 나지 않았다. 아이들에게 정리하는 걸 알려주지만 장난감 개수 자체가 많다. 일단 비워야 했다. 아이들에게 말 안 하고 버려서 미안하기도 하지만 유치원에 간 아이들에게 물어볼 수도 없었다. 안 가지고 노는 장난감부터 정리했다. 20L 종량제 두 봉지 나왔다. 아이들 데리러 나가는 길에 버렸다. 혹시 아이들이 찾으면 어떡하나 싶었는데 다행히도 그런 일은 거의 없었다. 사용하지 않는 장난감을 버리면서 사람들이 왜 비움을 이야기하는지 조금은 알 것 같았다. 장난감에서 집안 물건으로 눈을 돌리게 된 계기이기도 했다. 장난감 방은 아이들이 오고 나면 다시 어지럽혀지지만, 버리고 제자리에 놓는 그 행위는 복잡했던 마음이 한결 가벼워지는 데 도움이 되었다.

장난감 방에 같이 있는 옷 정리를 바로 이어서 한다. 계절이 바뀔 때마다 추울 때와 더울 때를 대비해서 긴 옷과 짧은 옷 두세 벌을 서랍에 넣어놓는다. 계절이 완전히 바뀌었는데도 미처 정리하지 못한 옷을 꺼낸다. 아이들이 마음에 드는 옷을 고른다고 헤집어놓았다. 다시 개어놓는다.

다음은 화장대다. 출산 이후 화장대에 앉아본 적이 없다. 화장하더라도 빨리빨리 하고 나가게 되는 곳이다. 틈새 먼지도 닦아내고 서랍 안 용품을 정리한다. 거울 앞의 내 모습을 보며 어떤 날은 울기도, 웃기도, 어떤 날은 힘을 내보자고 이야기하기도 한다.

마지막, 베란다로 향한다. 매주 청소하는 곳은 아니지만 빨리 끝난다. 공간이 좁고 많이 활용하지 않기 때문이다. 마찬가지로 틈새 먼지를 닦아낸다. 욕실 바닥을 닦을 때처럼 속이 시원해진다.

이쯤 되면 눈에 보이는 청소는 다 했다. 정리와 청소만 했을 뿐인데 답답했던 마음이 괜찮아진다. 아이들 하원 전까지 시간이 있다면 내 시간 가질 수 있다. 몸을 많이 움직였으니 휴식을 한다. 아니면 평소보다 가벼운 책을 선택해 편안하게 누워 읽기도 한다.

마음이 답답하면 풀고자 했다. 쇼핑, 수다, 잠자기, 음악 감상과 같은 취미 생활도 있지만 해결하고 싶다면 걷기와 청소, 정리를 한다. 오히려

가만히 있거나 해결 방안을 찾지 않으면 더 답답하고 찝찝한 상태로 여러 날을 보냈다. 어차피 해야 할 일이었다. 청소와 정리를 통해 깨끗해지는 집을 보며 만족하게 된다. 하루를 알차게 보낸 거 같아 뿌듯한 마음도 든다. 이제, 내 시간 가질 수 있다. 비록 오늘 하루는 정리에 많은 시간을 들이긴 했어도 다음 날은 더 많이 채우기를 기대할 수 있다.

이상하다. 정리와 청소를 했을 뿐이다. 사람과 풀어야 하는 문제는 여전히 남아 있다. 하지만 마음이 전혀 무겁지 않다. 때로는 내 행동을 반성하고 가끔은 상대방의 입장이 되어 이해하려는 마음이 생긴다. 그러고 나면 '지난 일 계속 떠올리지 말고 내 시간으로 채우며 남은 하루 보내자'는 마음도 생겨난다. 마음이 무거운 날, 속이 답답한 날 집의 곳곳을 청소하는 이유다.

04

집중 안 되는 날, 카페 가기

몸도 움직이지 않고 아무것도 눈에 들어오지 않는 날의 세 번째 핑계
는 '집중되지 않는 날'이다. 창문을 열어 환기도 시켜보고 스트레칭도 한
다. 책상 정리도 하며 환경을 만들기도 한다. 그래도 집중되지 않으면 짐
을 챙긴다. 주로 책, 노트, 필기구이다. 커피는 잠 깨우기 위해 마신다.
집에 있는 스틱커피면 충분하다. 그런 내가 원해서 카페에 가는 날이 있
다.

나와 맞는 환경을 조성해보려고 생각하다가 대학생 때 공부했던 모습

이 떠올랐다. 칸막이보다 트인 공간에서 공부하면 덜 답답했다. 책을 보다 고개를 들면 엎드려서 자는 사람도 있지만 반대로 열심히 공부하는 학생들도 있다. 그런 모습 보며 자극받고 잠 깨우면서 공부했다. '도서관 열람실! 거기다.'

집에서 도보 10분 거리에 도서관이 있다. 자료실 안의 창가를 따라 책상이 있었고 이미 많은 사람이 자리 잡고 있었다. 앉아 있는 자리도 있었고 짐만 놓인 자리도 보였다. 테이블로 된 곳은 한 자리씩 띄어 있다. 빈자리에는 마찬가지로 짐이 있다. 다른 자리를 찾아보았다. 사람들이 다니는 출입문 바로 옆의 테이블만 자리가 남았다. 이곳보다는 집이 더 낫겠다는 생각이 들어 도서관을 나왔다. 그렇게 집으로 돌아오는 길, 카페가 눈에 들어온다. 이왕 나온 김에 카페에서 해볼까 싶었다. 카페 갔을 때 공부하는 사람들도 보였으니까. 2시간 남짓 앉아 있었다. 가지고 간 책의 상당 부분을 읽었다. 다음에도 끝내야 하는 일이 있을 때 집중이 잘되지 않으면 카페에 갔다. 돌아오는 발걸음이 가볍다.

카페에서 몰입할 수 있었던 이유는 무엇일까. 궁금했다.

도서관은 소음이 거의 없다. 의자에 앉거나 일어나는 소리에도 신경 쓰인다. 다른 사람이 하면 괜찮은데 내가 하면 그랬다. 소리 나지 않게 조심하게 된다. 5가지 색의 펜을 사용하고 있는 나는 색깔을 바꿀 때가 있다. 딸깍. 딸깍. 누군가에게는 불편할 수도 있는 소리이다. 반면 카페는 음악 소리, 대화 소리, 주문 진동벨 소리가 들린다. 조심하지 않고 다른 색으로 바꿀 수 있다. 카페에 가서 책을 읽기 시작하면 나갈 때까지 자리에서 일어나지 않는 편이라 의자 소리도 걱정이 없다.

카페의 음악이 들리기는 하나 모르는 노래다. 알면 따라 부를 수도, 흥얼거리기라도 할 텐데 몰라서 따라 부르지 못한다. 노래를 즐겨 듣지 않다 보니 들리는 음악, 아무렇지도 않다. 시끄러울 것으로 예상했는데 상관없었다.

소음이 있는 곳에서 해보니, 마치 어린아이들을 재울 때 들려주는 백색 소음 같다는 생각도 들었다. 다만 바로 옆에서 유치원 정보, 교육, 반찬, 집값 등의 이야기가 들리면 귀가 쫑긋해졌다. 그래서 처음에 선택할 자리가 많다면 최대한 구석진 곳으로 간다. 그렇지 않다면 공부하고 강의 들으러 온 사람들을 찾아 그 옆에 앉는다. 카페마다 다르긴 하지만 공부용 책상 자리를 만들어놓은 곳도 있다. 그 옆자리는 대화하기 위해 온 사람들이 앉지 않았다. 이보다 더 좋은 방법, 아이들을 보내고 일찍 가면 된다. 문 여는 시간에 맞춰 가면 사람이 많지 않다. 사람들이 들어오기 시작할 때쯤 계획한 일을 대부분 끝내고 나간다.

어떤 카페를 가든 집중을 할 수 있는 것은 아니었다. 더 잘되는 곳이 있었다. 도서관 대신 선택한 카페는 만족했지만 때때로 홍보, 설명회와 같은 강의를 할 때도 있었다. 이런 날은 다른 카페를 가야 하기도 했다. 그럴 때 카페를 선택하는 기준이 있다.

첫 번째는 층이 구분된 곳 또는 넓은 카페인지 확인한다. 주문하는 곳과 공부하는 공간이 같은 층에 있으면 소음이 계속 들려온다. 대화 소리보다 주문, 계산하는 소리는 집중할 수 없었다. 매장이 작은 경우도 비슷하다. 그래서 층이 나눠진 카페, 널찍한 카페를 우선순위에 둔다.

두 번째는 사람이 많지 않은 곳이다. 미리 가본 곳 중에서 손님 수, 테이블 수, 자리 간격을 떠올린다. 처음 방문하는 카페라면 눈여겨본다. 추가로 빠른 음악인지, 소리의 크기도 파악해놓는다. 공부하러 또 올 곳인지, 지인들과 차 한잔하며 이야기하기에 좋은지 결정 내린다.

세 번째는 공부 자리가 있는지이다. 집중하려고 가는 목적이 있기에 이런 자리가 있으면 더 좋다. 책상 자리와 그 옆자리는 대체로 조용하다. 테이블이 있어도 무방하지만 조금 더 집중하고 싶을 때를 대비해 알아놓는다.

사람들마다 선호하는 환경이 다르다. 조용한 도서관이 집중이 잘 되기도 하고 카페가 그런 공간이 될 수도 있다. 과거의 내가 어떤 곳을 좋아하는지, 어떻게 했을 때 만족했는지를 떠올려보면 조금 더 쉽게 찾을 수 있다. 내가 생각했던 곳과 맞지 않을 수도 있다. 그러면 아쉬운 점을 보완해 나가면 된다.

기한까지 해야 할 일이 있는데 부담과 스트레스가 쌓이고 행동하지 않을 때면 카페에 간다. 마음을 잡지 못하고 일상이 너무 풀어졌을 때도 마찬가지다. 해야 할 일만 가지고 가서 한다. 일을 못 끝냈더라면 불편하고 찜찜한 상태로 며칠을 보내게 된다. 카페에 온 덕에 2~3시간 집중하고 집으로 돌아간다. 해냈다는 성취감과 뿌듯함으로 다른 일도 시작하고 싶은 의지도 생긴다. 무엇보다도 시간을 흘려보내지 않아서 좋다.

05

계속하려면 미리 하기

"早做准备，早有优势
미리 준비하면 유리한 입장에 서게 된다."
_ 중국 명언

일할 때 미리 처리해놓는 편이다. 일찍 끝내서 조바심 나지 않고, 한 번 더 검토해 볼 수 있는 시간적 여유도 있다. 또 미래에 어떤 일이 일어날지 모르니 하나의 대비책이라고 여긴다. 엄마가 되고 나서 마지막 세 번째 이유로 미리 해둔다. 인생은 예상대로 흘러가지 않지만 미리 해놓는 일은 그동안 꾸준히 해온 일, 앞으로도 할 일이다. 여러 상황으로 인해서 중간에 끊기는 경우가 많았다. 아이가 아파서 쉬면, 아이가 입원하면, 남편의 휴가로 집에 있을 때 등. 연속으로 서너 번만 빠져도 '가지 말까?', '하지 말까?', '따라갈 수 있을까?'라는 생각이 든다. 엄마가 아닌 나로 살아가는 즐거움을 느끼고 있었는데 속상하기만 하다. 결국 택한 방법은 미리 하기였다.

2020년, 2021년에는 시간을 잘 보내는 것이 중요했다. 공식적인 강의 시간은 일주일에 3시간이다. 수업 한 시간을 위해서 최소 6시간을 준비한다. 수업 요일은 다르지만 같은 학년을 대상으로 하는 수업이 있어 강의 계획은 두 개만 준비하면 된다. 수업 준비, 이동 시간, 아이들 맡기는 시간까지 고려하면 시간이 꽤 많이 든다. 강사, 육아, 살림 게다가 남편은 출장 업무가 많다. 평일에는 혼자서 다 해내야 한다. 다행히도 서하가 집 앞의 어린이집을 다니고 있어 이동하기에 편했고, 이후 같은 유치원을 다니면서 늦게 하원 하더라도 마음이 급하지 않았다. 하지만 이 두 해는 코로나19 팬데믹 기간이다. 이전과는 다르게 콧물이 조금 나고 기침이 있으면 등원을 고민하게 된다. 약을 먹이고 가도 되지만 조심스러운 부분이라 수업이 없는 날은 보내지 않았다. 이는 곧 육아에 더 많은 시간을 보내게 된다는 뜻이다. 수업 준비 그리고 자기 계발하는 시간이 충분하지 않았고 어떤 날은 전혀 하지 못했다.

평소보다 컨디션이 좋지 않은 아이와 있으면 음식에 더 신경 쓰게 된다. 간식도 과자가 아니라 과일이나 감자, 고구마, 옥수수와 같이 조금 더 건강한 재료로 준비한다. 아이가 잘 노는지, 아이의 기운은 어떤지 자주 확인해야 한다. 수업 준비를 다 해놓았다면 걱정이 없을 텐데 아이를 살피며 강의 준비를 한다. 여섯 시간 온전히 집중해야 매끄럽게 흘러갈 텐데, 아이를 보살피며 준비한 수업에 아쉬움이 남을 때가 있었다. 코로나 백신 맞았을 때, 명절과 주말 연휴 기간에도 마찬가지였다. 잠이 오고 몸이 좋지 않아 쉬거나 아이들과 시간을 보내느라고 수업 준비를 완전히 하지 못하면 만족스럽지 않았다.

미리 하기로 했다. 처음 2주간 외출하는 일을 최소화했다. 모임이 취소되면 고마웠다. 강의 자료를 만들었다. 학습 목표, 책, 활동 방향, 흥미 요소 등을 고려해 수업 자료를 준비했다. 다음 분기 강의 계획서도 완성했다. 일 년 동안 수업할 계획서를 참고하여 분기별로 한 번 더 검토한다. 학습 목표에 더 적절한 책을 찾아보고 선정하기 때문이다. 프리랜서로의 일이 처음이라 이전에는 미리 준비하지 못했던 명절과 징검다리 휴일은 이제 대비할 수 있는 여유도 생겼다. 이렇게 만든 자료, 차츰 쌓이기 시작했다.

마음이 편하다. 당장 이번 주 수업을 어떻게 해야 힐지 걱정이 없다. 미리 해 놓는 것을 좋아하지만 육아를 하는 동안 잊어버리고 있었나 보다. 딱 2주 후의 수업을 준비한다. 코로나로 강의가 취소되면 준비한 수업 자료를 활용하지 못한 때도 있었다. 시기에 맞게 그림책을 준비하기 때문에, 아무리 전하고 싶은 주제를 준비했더라도 휴강하게 되면 다른 책으로 바꾼다. 그런 이유로 2주 후의 수업을 준비하고 있다.

다시 볼 수 있는 여유도 생겼다. 수업 준비를 다 해놓으면 두세 번은 연습할 수 있다. 반복하면서 생각하지 못했던 점들이 보인다. 빈 구멍을 메우고 더 매끄럽게 진행할 수 있도록 준비한다. 미리 준비했을 때와 급하게 되는 대로 수업했을 때 만족감부터 다르다. 어떤 일이 생겨도 조바심 나지 않는다. 아이가 유치원에 며칠 동안 못 가더라도 당장 이번 주 수업, 해결이 가능했다. 아이와 같이 있는 동안 준비하지 못한 수업은 모임, 외출 조정하면 다음을 준비할 수 있었다. 자료를 다 만들고 2주 후의 수업까지 준비가 되면 미뤄 놓았던 약속을 하나씩 잡는다.

수업 준비에서 시작해 다른 부분으로 확대해 적용하기 시작했다. 독서, 하루에 한 꼭지 읽고 있는데 독서 모임에 참가한 후 내 속도대로만 읽을 수 없었다. 뒤의 시간을 여유롭게 확보해서 미리 읽으려 한다. 아니면 주말에 남편에게 아이를 맡기고 덜 읽은 부분은 따라가고, 미리 한두 꼭지라도 더 나아가려고 한다. 운동도 마찬가지다. 주 3회 목표를 하지만 목요일 이내에 그 세 번을 채우려고 한다. 그러면 한 번 더 할 수 있는 날도 생긴다. 블로그 포스팅은 글 작성 다 해놓고 예약 발행했다. 그렇다고 잠을 줄이면서까지 하지는 않는다. 마음이 급하지 않을 때, 시간적 여유가 있을 때 하나 더 하고 있다. 오늘 최선의 하루 보내고 내일 준비를 조금 하는 정도이다.

경력이 중단되었다가 새롭게 일을 시작하는 엄마들에게 미리 해놓는 시스템은 유용하다. 외부 상황과 상관없이 계속할 수 있기 때문이다. 적어도 일주일 내내 못 하는 상황은 없다. 경험상 대부분의 일은 이틀 정도만 못 할 뿐이었다. 충분히 다시 습관 만들고 지속할 수 있다. 하지만 먼저 해놓지 않으면 일은 점점 쌓여간다. 해야 할 일이지만 시작하고 싶은 마음이 생기지 않는다. 그래서 가능하다면 예상할 수 있는 일을 앞서 해놓는다.

지금 바로 미리 할 수 있는 것은 아니다. 차례차례 단계를 밟아가면 좋겠다.

'오늘 할 일은 내일로 미루자'는 마음을 가지고 있다면 해내는 습관을 들여야 한다. 투두 리스트와 나에게 보상, 타인에게 벌금 내기로 이 습관을 어느 정도 해결할 수 있다. 다음 단계는 '오늘 할 일은 오늘 안에 끝내자'는 마음으로 최선을 다하는 하루를 보내는 연습을 한다. 투두 리스트를 쓰고 시간 기록도 남긴다. 시간을 어떻게 보내고 있는지 눈으로 직접 확인할 수 있다. 이때 하루 중 쉴 여유를 가지려 해본다. 마지막으로 '내일 할 일, 오늘 미리 하자'의 단계이다. 앞의 두 단계에서 30분의 여유 시간이 꾸준하게 있으면 가능하다.

미리 하다가도 투두 리스트부터 다 완료하지 못할 때가 있다. 사람이기 때문에 귀찮고 힘들어서 하기 싫을 때도 있기 마련이다. 지속된다면 다시 첫 지점으로 돌아가 행동을 고치고 마음을 잡으려고 노력한다. 미리 해놓으면 계속할 수 있다.

하고잡이의 선택과 집중

하고잡이(workaholic)다. 집안일 빼고는 조금씩 건드리고 싶다. 그래서 다 하려고 한다. 이것 조금 하다가 또 다른 게 눈에 들어오면 일정에 추가한다. 하고 싶은 일 중에서 순서를 정해야 했다. 일단 급한 일부터, 중요한 일부터 처리했다. 하루의 일정표를 만들기도 하고 투두 리스트에 적기도 했다. 하지만 시간을 효율적으로 관리하는 느낌이 없었다. 모든 일을 다 하려고 각각 30분 정도의 시간만 투자하니 눈에 보이는 성과도 만족감도 없었다. 짧은 시간만 투자했을 때 효과가 없다는 점을 알았기 때문에 바꾼다.

원래 하고 있던 일 중 두세 개에 집중하기로 변경했다. 하는 일, 하고 싶은 일을 종이에 적어 내려갔다. 처음에는 어려웠다. 무엇을 지우고 남겨야 할지 몰랐다. 변화도 두려웠다. 그렇다고 안 할 수도 없었다. 이미 시간을 쪼개어 쓰며 일이 진행된다는 느낌을 못 받았다. 호흡을 가다듬고 허리를 똑바로 세웠다. 중요하고 급하지 않은 일이라 판단하면 미련 갖지 않고 지워나갔다. 남은 목록 중에서 더 중요하고 급한 일을 정했다. 대부분 공부였다. 정한 2~3가지는 2시간 이상 보내기로 마음먹었다. 무엇에 집중할지, 얼마만큼의 시간을 보낼지 결정하고 실행하니 이전과는 다르게 결과물이 쌓이기 시작했다. 2021년도에 선택한 공부는 마인드맵과 하브루타였다.

마인드맵을 그릴 때 전보다 시간을 더 여유롭게 두었다. 마인드맵의 창시자 토니 부잔은 숙달되면 한 장을 완성하는데 20~30분의 시간이 적정하다고 한다. 그동안 300장이 넘는 마인드맵을 그리면서 그리는 모양에는 크게 신경 쓰지 않았다. 원래 그림, 공간, 색감이 부족하다고 단정지어 버렸다. 그렇게 부족한 점이 있어도 완성도를 추구하기보다는 합리화하며 시간 안에 끝내려고 했다. 그동안 가지의 모양이나 공간 활용이 나아지지 않았다. 그리는 시간을 평소보다 두 배 이상 늘렸다. 종이에 그리기 전에 미니 마인드맵을 그려본다. 이전에는 머릿속에 떠올리기만 했는데 적은 종이를 보며 그리니 선 모양, 위치도 달라졌다. 한쪽으로 치우치고 빈 여백이 있었던 종이도 이제는 전체를 활용하게 된다.

하브루타 수업을 위해서 연구 시간을 주 3회 가졌다. 공부를 함께 하던 선생님들과 교과 과정 연구를 시작했다. 말하기, 듣기, 쓰기, 읽기의 영역이 골고루 있는 국어 교과서는 학년에 맞게 어떤 내용과 질문을 해야 하는지 알 수 있었다. 그동안 아이들이 내 질문에 대답하지 못한 이유도 알았다. 국어 교과서를 연구하며 관련 그림책을 찾아 수업했고, 학년별로 다른 질문을 하니 아이들의 반응도 달라졌다. 대화하는 시간에는 선생님이 보이지 않으면 장난도 쳤었는데 수업 방식, 질문을 바꾸고 나니 자신의 의견을 이야기하는 학생들이 많아졌다.

선택과 집중은 중요했다. 하루를 만들어가고 성취해나가는 지금의 내가 있기까지는 이 과정이 있었기 때문이다. 지금까지 하고 싶은 일을 다 하고 있었다면 목표, 기록, 과정, 성취, 변화를 이야기할 수 없었을 것이다. 선택한 한두 가지를 투두 리스트에 썼다. 하나를 끝내면 다음 과정으로 넘어갔다. 단순히 2시간 하브루타 연구하기가 아니라 국어 2-1 교과서의 학습 목표와 배울 내용 정리하기, 그림책 읽고 질문 백 개 만들기, 수업 설계하기 등 구체화하여 작성했다. 완료했을 때의 뿌듯함도 크지만 시간 안에 끝냈을 때는 짜릿하기까지 하다. 이제는 매년 한두 개의 목표만 계획한다. 2022년도는 글쓰기였고, 2023년도는 글쓰기와 운동이다.

올 한해의 우선순위를 정하는 일뿐만 아니라 오늘 할 일도 같은 방식으로 정한다. 해야 하는 일을 모두 다 적는다. 공부, 집안일, 아이들의 공부, 지인과의 약속까지. 그리고 순서를 정한다. 대부분 첫 번째, 두 번째로 정한 일이 시간이 많이 소요되었고 또 하고 싶은 일이다. 이런 일은 고요한 새벽 시간이나 아이들을 보낸 이후의 오전을 활용하고 있다. 이런 생활로 습관이 된 이후로는 새벽, 오전, 오후, 밤으로 구분한다. 집중이 필요하고 급한 일은 오전까지 완료한다. 4시간 조금 넘는다. 나의 시간으로 갖기에 충분하다. 오전의 일로 선택받지 못한 나머지 일은 점심 이후에 처리한다.

시간을 효율적으로 보내고 싶은 마음이었다. 하고 싶은 일을 다 할 수 없다는 걸 깨달았다. 내 시간을 가질 때는 우선순위 정하고 지금 할 일만 생각했다. 순위에서 멀어지면 미련 없이 접었다. 여러 개에 조금씩 분산된 시간을 합쳐 한두 가지에 집중한다. 오늘의 할 일도 마찬가지다. 우선순위를 정하고 상위권에 있는 것만 해도 하루를 알차게 보낸 느낌이 든다. 이제 내가 선택한 일 외에는 틈틈이 할 생각 대신 끝내고 한다는 마음으로 하루를 보낸다.

07

스마트폰 멀리 두기

"기꺼이 스스로 자제하지 않는 사람들을 위해. 규칙이 존재하는 것이다."

_ 척 예거

스마트폰, 재미있다. 시간 가는 줄 모른다. 신문 기사를 읽고, 물건을 사고, 게임도 하고, 영상도 본다. 가는 곳 어디든 스마트폰을 가지고 간다, 맘 카페나 중고 거래 앱에 걸어놓은 알림이 뜨면 봐야 하고, 오픈 카카오톡 방의 읽지 않은 메시지 수를 보면 없애고 싶어 수시로 보게 된다. 이런 사실을 알면서도 쉽게 놓을 수가 없다.

건강을 확인하기 위해서 스마트워치도 샀다. 시계와 스마트폰이 연동되어 전화, 문자, 카카오톡, 알림 등을 시계로 확인할 수 있다. 긴급하고 중요하지 않은 연락은 스마트워치에서 넘기기도 하지만 알림이 많이 울리면 이내 폰을 확인하게 된다.

아침에 눈을 뜨면 누운 채로 폰을 보고, 화장실에 갈 때도 가지고 간다. 밥 먹을 때, 이동할 때, 자기 직전까지 폰을 한다. 성인 기준으로 하루 평균 4시간 사용하며 코로나19 이후에는 이 시간이 더 늘었다고 한다.

정해진 시간만큼만 본다면 문제 되지 않는다. 하지만 그만 보고 일어나는 결단의 용기를 내기가 쉽지 않다. 시간 활용에 있어서만큼은 스마트폰과 TV는 시간을 의미 없게 보내는 도구라고 생각한다. 집에 있어도 TV는 거의 보지 않는다. 켜놓지도 않을 뿐더러 심심하니까 트는 일은 없다. 요즘은 보고 싶은 프로그램만 골라 보고 끈다. 하지만 스마트폰은 TV를 볼 때처럼 되지 않았다. 시간을 관리하고 싶다는 생각이 들었을 때 어떻게 사용할지에 대해서 고민했다. 폰 사용 시간을 줄이고 싶은 마음에 우선, 멀리 두기로 했다.

오전에 아이들을 보내고 나면 충전기에 꽂는다. 충전기는 주방의 코너에 놓아둔다. 이동하는 경로에 폰이 보이면 중간에 멈춰 서서 할 수도 있으니까 구석에 둔다. 혼자 집에 있지만 주로 진동으로 해둔다. 그리고 책상 자리로 가 앉는다. 긴급한 전화는 반복해서 온다. 물 마시러 주방에 갔을 때 전화 여부를 확인하기 때문에 연락이 많이 늦어지지 않는다. 혹여나 중요하고 기다리는 전화가 있을 때는 진동을 소리로 바꿔놓는다.

그리고 벨소리에만 반응한다. 일단 멀리 두는 것만으로도 효과가 있었다. 항상 가지고 다니니 수시로 봤었는데 지금은 필요할 때 보기 때문에 사용 시간이 줄었다.

시간, 수면 시간, 하루 걸음 수를 확인하기 위해 스마트 워치를 구매했다. 폰과 워치가 같은 회사의 제품일 때는 두 제품의 블루투스 연결이 잘되었다. 확인해보면 대부분 카카오톡 알림이었다. 여러 번 오니 궁금해서 보게 된다. 폰을 바꾸며 다른 회사 제품으로 구매했는데 이전보다 연결이 원활하지 못하다. 조금만 멀리 떨어지면 다시 연결하는 작업이 필요했다. 귀찮고 번거로워도 하루에 여러 번 연결했다. 정신없이 보낸 어느 날, 시계에서 메시지를 보내지 않는다. 만족스러웠다. 화면에 블루투스 연결 해제 표시가 있다. 그대로 둔다. 시간, 수면 질, 걸음 수를 확인하려고 구매했으니 이 기능만 활용하기로 했다.

쉴 때는 쉬는 일에 집중한다. 머리를 식힐 때마저도 폰을 보기도 했는데 눈이 더 피곤했고 쉬었다는 느낌이 전혀 없다. 삼깐 틈이 나서 쉬는 시간에도 온전히 쉬지 않고 폰을 할 때가 있다. 잊어버리기 전에 지금 주문을 꼭 해야 한다든가 SNS에 글을 남기는 일이다. 최대한 빨리 끝내고 폰 화면을 끄려 한다. 그리고 쉬는 일에 집중한다.

밥 먹을 때도 마찬가지다. 식탁에 가지고 오지 않으면 아이들과 눈을 한 번 더 마주칠 수 있고, 대화도 나눌 수 있다. 식탁에 폰을 가지고 오는 날은 이런 시간을 갖다가도 폰을 봤다. 그래서 다른 곳에 두는 편이지만 꼭 해야 할 경우엔 무엇을 해야 하는지 이야기하고 끝나면 다른 곳에 둔다.

잠잘 때도 마찬가지다. 매트 두 개를 나란히 놓아 네 명이 같이 잔다. 매트 옆에 작은 탁자 하나 놓을 공간이 없다. 손이 닿는 곳에 놓으려고 하니 머리 옆이라서 마음에 걸린다. 아예 다리 부근에 둔다. 할 일 다 해놓으면 아이들과 같이 자는 때가 많았다. 처음에는 누워서 폰을 보기도 했다. TV도 보지 않으니 지금 신문 기사 읽지 않으면 세상 돌아가는 일을 하나도 모르니까 뉴스 기사를 주로 읽었다. 아이들은 양옆에서 안아달라고 기다리고 있다. 폰을 내려놓고 아이들을 안고 이야기 조금 하다 잠잔다. 이제는 자러 들어가면 처음부터 다리 근처에 폰을 둔다.

스마트폰의 사용 시간 정하기는 많이 하지 않기 위한 하나의 방법이다. 신문 기사를 읽고 소통의 목적으로 SNS를 하는 시간은 40분 제한을 둔다. 폰을 시작할 때 알람을 맞춰 놓고 타이머가 울리면 하던 일을 마무리하고 손에서 놓는다. 폰으로 강의를 듣기도 하니 절대적인 시간을 정해놓지는 않는다. 강의는 노트북이나 태블릿PC보다는 스마트폰이 나았다. 화면이 작기는 하지만 인터넷을 하려면 강의 화면을 닫아야 하는 번거로움이 있기 때문이다. 강의 들으면서 검색, 채팅, 알림 확인하지 않기만 하면 성공이다.

　SNS에 글을 남기는 시간도 처음에는 제한 두지 않았다. 그러다 지인이 '블로그 40분, 인스타그램 20분 이내 발행'에 초점을 두고 있다는 이야기를 들은 후 바로 적용했다. 확실히 제한 시간이 있으니 시간 안에 끝내려는 마음이 있다. 좀 더 마음에 들게 완성하고 싶다가도 일단 발행 버튼을 누른다. 기사 읽고 소통하는 시간 40분, 블로그 40분, 인스타그램 10분, 카드 뉴스 20분. 강의 보는 것 제외하면 하루 2시간 정도다.

　이렇게 멀리 두고 사용 시간을 제한하는 이유는 2가지다. 하나는 내 시간을 효율적으로 보내기 위해서다. 제대로 사용하지 못하고 있는 원인 중 하나가 스마트폰이었다. 해결하지 않으면 안 되었다. 또 하나는 아이들이 스마트폰 하는 나를 보고 있기 때문이다. 지금은 폰이 없지만 언젠가는 사줘야 한다. 그때 아이들이 폰을 보는 시간이 많지 않았으면 하는 마음이 있다. 그래서 아이들과 같이 밥 먹을 때, 누워있을 때는 자제하는 모습을 보인다. 해야 할 때는 의도적으로 아이들에게 말한다.

　"지금 아니면 마스크 사는 거 깜빡할 거 같아. 이것만 사고 끝낼게."
　"아! 잠자려고 누워 있을 때 폰 만지는 거 아니지. 어두컴컴한 곳에서 폰 보면 눈 나빠지니까 꺼야겠다."
　전화 기능만 되는 폰을 사용하자니 이제는 답답할 것 같고, 강제하지 않으니 줄곧 폰만 쳐다보고 있다. 이런 상황이라면, 나만의 규칙이 필요하다. 폰 멀리 두기를 하고 있다. 혼자 있을 때, 쉴 때, 밥 먹을 때, 잠잘 때 폰을 멀리 두고 필요할 때 찾는다. 거리두기에 익숙한 나는 스마트폰과도 거리를 둔다. 폰으로 무엇을 하느냐에 따라 사용 시간에도 제한을 둔다. 매일 폰을 자제하는 일은 쉽지 않다. 재미있는 일이 많기 때문이다. 나도 자제하지 못하고 시간 초과하며 사용하기도 한다. 하지만 예전처럼 2시간 내내 폰만 하지 않는다. *끄고 손에서 놓는 용기가 필요하다.*

08

그냥 보내는 시간도 필요하다

"경험은 같은 실수를 되풀이할 때 그것을 깨닫게 해주는 놀라운 것이다."
_ 프랭클린 P. 존스

아무것도 한 것 없이 보낸 하루, 속상하다. 생각 없이 매일 비슷한 패턴으로 살다 보니 어느덧 7월 말이다. 아이들 방학이 아니었으면 몰랐을 테다. 새해에 다짐했던 결심 중 성과를 내거나 진행하고 있는 일이 없다. 벌써 반년이 지나갔지만 남은 기간을 또 이렇게 보낼까 봐 석정이다. 그동안 하지 않은 행동에 후회했다.

꼭 스무 살의 나를 보는 것 같았다. 학교에 다닐 때는 열심히 살았다. 새벽 5시에 알람을 맞춰 놓고 6시 버스를 탔다. 오전 수업이 없는 날에도, 전날 마신 술로 방 안이 술 냄새로 가득한 날에도, 시험공부로 밤늦게 잔 날에도 새벽에, 늦어도 아침 8시에는 일어났다. 하지만 방학만 되면 달랐다. 12시간씩 잤다. 잠은 자면 잘수록 많아진다는 말이 맞았다. 움직임도 없고 잠만 자는데 매일 그렇게 자는 게 신기했다. 밤 10시에 자서 오전 8시에 일어나다가 방학 일주일 지나니 오전 10시까지 잤다. 취침시간이 점차 늦어져 밤 12시, 낮 12시를 유지했다. 더 많이 자면 비양심적인 것 같아 시계 보고 12시간 정도 되었을 때 일어났다.

반면 주위 친구들, 학교 선배들은 방학 기간에 다양한 경험을 한다. 아르바이트하며 용돈을 벌거나 경험을 쌓기도 했다. 또 부모님의 일을 도와드리기도 하고, 취업 준비를 위한 공부를 했다. 방학 때 뭐 하며 지냈냐는 질문에 입 밖으로 쉽게 말을 내뱉을 수 없었다. 스무 살, 이렇게 삶을 허비하며 보내는 것은 아니라고 생각했다. 달라지고 싶었다.

다음 방학 때는 학기 중에 못 한 일을 했다. 살 빼기 위한 운동을, 용돈을 벌기 위한 아르바이트를 하기도 했다. 3, 4학년이 되었을 때는 공부에 더 중점을 두고 자격증 취득과 어학 공부를 했다. 아르바이트나 학원은 일부러 오전에 한다. 강제 사항이 있으면 핑계를 찾지 않기 때문이다. 그렇게 보낸 하루는 달랐다. 목표가 생긴 이후에는 주말, 방학 상관없이 시간을 알차게 활용했다.

육아하며 시간을 흘려보냈다. 아이들이 어릴 때는 어리다는 핑계로, 휴직 기간이었을 때는 다시 오지 않을 시기라는 이유로, 꿈이 없으면 없다는 이유로. 잠만 자던 방학 때처럼 불편한 마음이다. 깨달았고 변화했다고 생각했는데 시간이 많아지니 똑같아졌다. 이전에도 후회, 아쉬움과 같은 감정을 느껴본 터라 바뀌지 않은 내 모습에 자책하기도 했다. 다시 한번 마음을 잡는다. 두 번 오지 않을 이 시간, 후회 없이 보내고 싶다. 흘려보내지 말고 뭐든 해보고 아쉬운 감정이라도 느끼길 바랐다.

아이들이 어렸을 때는 하루 30분에 만족했다. 내 시간을 보내는 일, 중요하다. 하지만 아이들과 함께 하는 이 시기도 다시 오지 않을 시간이다. 아이가 조금 더 크고, 둘째까지 어린이집에 가면 충분히 내 시간 가질 수 있으니 이 정도 시간도 괜찮았다. 또 집안일을 적당히 끝내고 아이의 낮잠 시간에 하고 싶은 일을 하고 있었으니 점점 더 많이 갖게 될 내 시간을 기다리며 버텼다.

하루 30분 내 시간 보내기는 생각이 많은 날, 마음이 복잡한 날, 머리 아픈 날에 갖기가 쉽지 않았다. 엄마에게 필요한 시간이지만 몸이 좋지 않아서, 남편과 다툼을 해서, 아침부터 아이를 혼내고 등원시켜서, 아침부터 저녁까지 외출했다는 이유로 빠지는 날도 있었다. 그런 날을 돌이켜보면 대부분 스마트폰을 봤다는 공통점이 있다. 마음이 답답할 때 검색하며 나만 힘든 게 아니라는 걸 알게 된다. 여기서 끝나면 좋을 텐데 유튜브나 SNS로 확장해 시간을 흘려보낸다. 계획한 일을 하지 않고 폰만 보고 있던 하루, 무의미한 시간이었을까? 나는 이 시간이 있었기에 걸으러 나갔고, 집안일을 했고, 스마트폰 사용 시간을 줄일 노력을 하게 되었다.

그냥 흘려보내는 시간도 필요하다. 아쉬운 감정, 변하고 싶고 후회라는 감정이 느껴진다면 간절하다는 신호로 받아들이면 좋겠다. 무엇에 절실한지, 왜 간절한지 파악한다. 그래야만 방법을 고민할 수 있다. 변화를 위한 행동을 하게 되고 수정도 할 수 있다. 1분 1초도 허투루 보내지 않는다고 할 수 없다. 나도 멈추고 싶을 때, 쉬고 싶을 때가 당연히 있다. 그럴 때마다 셀트리온 서정진 회장의 7분짜리 영상을 본다. 그중 가장 와닿는 문장은 "단 하루도 그냥 살지 않았다."이다. 나도 그냥 살지 않기 위해 꿈과 목표를 적은 다이어리를 펼쳐놓고 끄적이며 혼잣말한다.

목표가 있으니 시간의 간절함을, 소중함을 알게 되었다. 새벽에 자리에 앉으면 이룬 내 모습을 떠올린다. 마음이 설레고, 행동하고 싶다. 대충이 아니라 의미 있는 하루로 채우고 싶다는 마음이 생긴다. 어제도 흘려보낸 시간이 있기에 오늘은 어제보다 덜 아쉽고 덜 후회되는 하루를 보내려 노력한다.

의욕 상실 전 쉬기

달린다. 평일은 전력 질주하고 주말은 쉰다. 대학생 때 놀기와 공부는 주중에, 잠자고 누워 있기는 한 주의 끝에 보냈다. 직장 다닐 때도 일과 약속은 월요일부터 금요일까지, 피로회복 하는 시간은 토요일과 일요일에 가졌다. 지금도 마찬가지다. 내 시간은 평일에 집중적으로 가지고 공휴일과 주말은 가족과 함께 보내거나 낮잠을 잔다. 출근과 등교하지 않는 날에는 어린아이들과 또 남편까지, 네 명이 같이 있으니 필사적으로 평일에 내 시간 최대한 가지려 한다. 하루를 봐도 똑같다. 밤에 잠자는 시간 외에는 일어나서부터 잘 때까지 거의 쉬지 않는다. 몸이 피곤할 때만 쉬는 편이다. 대신 에너지를 쏟아 붓는 일은 오전까지다. 오전 일이 끝나고 아이들 하원 전까지는 긴장감 없이 보낸다. 그래서 나는 편안하게 쉬지는 않으나 이 2~3시간 동안 힘을 비축하기 때문에 쉰다고 여긴다.

매번 달릴 수는 없다. 수면의 질이 좋지 않았거나 유독 새벽 일찍 일어나는 일이 간혹 있다. 아니면 늦게 잘 때도 있다. 이런 날이 있으면 곧 몸에서 신호를 보낸다. 계속 쌓이면 만사가 다 귀찮은 번아웃이 온다. 한번 온 무기력함은 기본 3주 이상 가는 듯하다. 심할 때는 두 달 지속된다. 이런 상태가 오기 전에 쉬어야 한다. 긴장감에서는 벗어나고 무기력함은 오지 않아야 한다. 여러 번 경험하면서 나만의 방법을 찾았다.

첫 번째는 거절하기다. 성격상 거절을 못 한다. 상대방이 상처받게 될까 봐 대부분 수락했다. 아니면 내가 관심 있고 하고 싶은 분야라 무리임을 알면서도 같이 한다고 말했다. 이제는 새로운 일을 추가하게 되면 무리하지 않는지 일정을 살핀다. 하고 싶은 마음을 누르고 선택과 집중을 따진다. 빡빡한 일정으로 부담되면 다음을 기약하며 거절한다.

두 번째는 신호 증상에 반응하는 것이다. 보통 혓바늘부터 난다. 아침에 쉽게 일어나지 못하는 날도 이때쯤이다. 이런 날, 낮잠 시간과 휴식 시간을 확보한다. 책, 딱 한 꼭지까지만 읽고 덮는다. 집안일, 청소기만 돌린다. 요리, 배달시킨다. 블로그 포스팅, 가볍게 빨리 쓸 수 있는 주제로 쓴다. 마인드맵, 일상 주제로 그린다. 글쓰기, 정한 양보다 조금 더 적게 쓴다. 하루에 할 일을 하고 쉬는 시간을 더 확보한다.

세 번째는 하루 통으로 쉬며 잠을 많이 잔다. 두 번째보다 몸이 더 좋지 않을 때이다. 신호를 보내고 있음에도 충분히 쉬지 못했을 때, 집이 아닌 곳에서 두세 밤 자고 왔을 때 나타났다. 몸이 회복되도록 충분한 시간을 준다. 지금 이 시기마저 무시하고 계속해 나가면 모든 일에 며칠 손 놓게 되는 날이 온다는 것을 알기 때문이다. 스마트폰은 멀리 둔다. 편안한 침대에 누워서 책을 읽는다. 마음이 말랑말랑해지는 에세이나 시집을 고른다. 낮잠 2~3시간 자면 피로도 상당히 회복된다. 오전만 쉬고 일어날 수도 있고 어떤 날은 좀 더 쉬기도 한다. 완전히 손을 놓고 있을 때와는 다르다. 평소보다 훨씬 가벼운 일정으로 최대한 쉬는 것에 목표를 두고 하루를 보낸다. 하루, 길어도 하루 한나절 정도면 충분하다.

내가 어떤 경우에 무기력해지는지 파악할 필요가 있다. 단기간에 초집중하고 난 후, 한다고 하지만 성과가 나고 있지 않을 때가 그랬다. 또 휴식 없이 보내는 날이 한 달 이상 되면 벅찼다. 일 그 자체가, 일할 의지가 있다는 마음은 내 삶의 원동력이기도 하다. '조금만 더', '이것까지만'을 하다가 번 아웃이 여러 번 왔다. 이제는 멈출 줄도 안다. 평소보다 일찍 일어난 날은 일부러 쉬기도 하고, 머리가 멍할 때는 낮잠 잘 때도 있다. 내 상황에서 새로운 일이 생기면 일정을 살피고 거절도 한다. 몸에서 피곤한 신호부터 보내면 평소 일정을 줄여 마음 편하게 지낸다.

초집중하며 보낸 지난 일주일, 번 아웃이 되어 아무것도 하지 않은 지 3주째를 보내지 않기 위한 방법은 간단하다. '쉬기'이다.

10

완벽한 부담에서 벗어나기

시간을 관리하기 위해서는 완벽주의에서 벗어나야 한다. 완벽은 부족하지 않고 결함이 없는 상태를 말한다. 그러기 위해서는 시간이 소요될 수밖에 없다. 완벽, 객관적일 수 있을까? 완벽한 계획, 미모, 스타일, 여행지, 상태 등은 주관적인 평가이다. 내 마음에 흡족, 만족, 충분하다는 표현이 더 맞지 않을까. 그렇다면 그 기준을 조금 낮추기만 해도 부담감과 쏟아야 하는 에너지는 줄어든다. 그 기준은 내가 정하고 통제하면 된다. 대충, 이 정도까지만 하고 끝내자는 말이 아니다. 지나칠 정도로 완벽함을 추구하지는 말자는 뜻이다.

일할 때 특히 신경 썼던 한 가지가 있다. 처음부터 끝까지를 살펴보고 일을 하려 노력한 것이다. 지금까지 회사에서 발생한 적이 없던 사건이 발생하면 회계 기준과 세법을 찾아본다. 이렇게 하는 이유는 회계 감사를 받으며 손익, 각종 재무 지표에 영향을 미치지 않기 위해서이다. 세무조사를 받으며 내가 처리한 사건으로 세금을 추징받지 않았으면 해서이다. 모르고 확신이 없으면 공부해서 일을 처리한다. 그래서 시간이 많이 든다. 늘 하던 방식으로 처리해버리고 의문을 가지지 않았을 때가 있었다. 꼭 이런 일만 감사를 받을 때 문제가 되었다. 손익에 크게 영향을 미치면 결산 때문에 고생한 팀원들에게 미안하고 부끄러웠다. 경력이 쌓일수록 더 공부할 수밖에 없었고 제대로 일을 하고 싶었다.

이 방식을 고치는 일이 힘들었다. 지금도 남아 있다. 새로운 일을 시작할 때 바로 실행하지 못한다. 자신이 없어서 머뭇거리기보다는 진행할 때 어떤 문제가 발생할지 예측하고 대비책을 마련하고 있다. 처음부터 끝까지, 좀 더 전체적으로 보고 방향을 수립하고 있다. 회사 다닐 때는 회계 기준과 세법의 틀 안에서 판단하면 되었다. 이런 습관이 몸에 배어 있으니 무엇을 하든 속도가 나지 않고 시간은 시간대로 흘러갔다. 일의 성격이 달라졌으니 바꿔야겠다고 생각했다.

결과를 예상하기보다는 일단 행동부터 하기로 했다. 이렇게 변화할 수 있었던 3가지 이유가 있다.

첫 번째는 시간을 관리하고 싶은 마음이 있었기 때문이다. 고민하다가 흘러가는 시간이 대부분이었다. 그 시간에 행동하기로 한 것이다.

두 번째는 행동부터 하는 지인을 보았기 때문이다. 처음에는 그녀가 이해되지 않았다. 내가 보기에 문제점이 발생할 거 같은데, 아직 확실하게 정하지도 않았는데 다음번에 이야기를 나누면 벌써 하고 있다고 했다. 그녀의 말에 따르면 일단 행동하고 고칠 게 있으면 수정해 나간다고 한다. 그런데 행동하지 않으면 느끼고 배우는 게 없다고 말했다. 나에게 하는 말 같았다. 바로 실행해봤다. 고치기는 쉽지 않다. 일단 저지르는 일이 적응되지 않는다. 시작 전 항상 문제 요소를 한두 개라도 떠올려봤었다. 실제로 문제로 드러나면 마음이 불편했다. 익숙한 상태로 돌아갔다. 마음은 편했지만 시간 관리는 되지 않았다.

세 번째는 코로나19로 급변하는 시대에 맞춰 나의 행동이 달라져야 한다는 것을 다시 한번 깨달았기 때문이다. 하지만 이전과는 또 다른 문제점이 보였다. 꾸준하게 할 수 있는지를 검토하고 그런 환경을 먼저 만들고 있었다. 중간에 그만두지 않고 계속하는 일이 완벽이라 믿었기 때문이다. 운동할 때도, 책 읽을 때도, 강의 들을 때도 지속하지 못할 것이라는 생각이 들면 시작부터 하지 않았다. 모두 나를 위해 필요한 일인데도 불구하고 첫발을 떼지 못했다.

방법은 하나뿐이었다. 일단 하기. 이미 머릿속에는 여러 개의 방법이 있다. 그중 한 가지를 고른다. 사이클을 타기도 하고, 아파트 계단을 걸어 올라가기도 한다. 집 가까운 산책로를 따라 걷기도 하고 영상을 보며 운동을 따라 하기도 한다. 예전 같으면 안 되고 못 하는 이유를 찾으며 꾸준히 할 수 있는 가능한 시간과 방법을 궁리, 계속 궁리하는 일만 반복했다. 이제는 상황에 맞게 할 수 있는 대안을 찾아 바로 실행한다.

여전히 행동부터 하는 이 방식이 익숙하지 않다. 바뀌었다고 생각했는데 어느 순간 예전 모습으로 돌아갈 때가 있다. 하지만 1인 기업가로 걸어가는 이 길은 예상할 수도 없고 추측과 똑같이 진행된다고 장담할 수 없다. 완벽함에서 벗어나기 위해 첫 번째 할 일은 '행동'이라 믿고 실천하려고 노력하고 있다.

좋아하는 일은 잘하고 싶은 욕심이 난다. 이는 완벽을 추구하게 되며 시간과 노력이 필요하다는 말이다. 하루 24시간 중 오직 나를 위해 보낼 수 있는 시간은 한정적이다. 그 시간에 준비하고 대비하여 완벽함을 추구하기보다는 일단 시작한다. 부족하다고 느끼면 하면서 보완하면 된다. 준비보다는 행동에 시간과 노력을 다한다.

행동해야겠다는 생각이 들면, 하는 내 모습과 해냈을 때의 기분을 상상해본다. 그리고 5초를 센다. 마지막 숫자에 맞춰 몸을 움직인다. 시각화하지 않고 초를 세었을 때는 행동이 없었다. 입으로 숫자만 세고 있었다. 해내는 내 모습을 떠올리니 내 마음이 움직이고 행동하게 되었다.

지금도 나에게 남아 있는 완벽주의 성향을 고치기 위해서 행동부터 하는 노력을 기울인다.

11

삶에 활력을 주는 계획표

"이루고 싶은 꿈은 시간표에 기록해두지 않는다면
곧 이루지 못한 소원으로 변할 것이다."
_밥 버포드

시간을 계획하고 실천한다는 것이 어렵다. 하루의 일정표를 작성하더라도 생각처럼 되지 않는 날도 있다. 전업주부가 시간을 계획하고 그대로 실천하기는 더욱 어렵다. 일정을 짜더라도 예상하지 못한 여러 변수가 발생하기 때문이다. 내 의지가 약해 못 하면 반성하고 노력하며 바꿔 나간다. 그마저도 안 되면 강제로 할 수 있는 환경을 만들어버리면 하게 된다. 하지만 그 외의 일들로 하지 못하는 날이 쌓이면 허탈, 답답함까지 밀려온다. 내 시간의 주인은 나인데 가족들의 일로 하지 못하는 날이 있다. 코로나19로 인해 가족과 같이 집에 있었던 것이 대표적인 예이다.

아이 모두 어린이집에 다니고 있을 때 시간 관리의 '필요성을 더욱 크게 느꼈다. 9시 30분에 등원하고 오후 3시 30분쯤 데리러 간다. 나 혼자 보낼 수 있는 시간은 6시간이다. 20개월 가까이 아이와 함께 지내다가 혼자 집에 있으니 무엇부터 해야 할지 모르겠다. 어떻게 시간을 보내면 잘 보냈다고 할 수 있을까 생각한다. 일종의 보상 개념으로 친구와 카페를 가기도 하고 혼자 여유도 부려봤다. 하지만 매일 이렇게 보낼 수도 없다. 뭔가를 해야겠다는 생각이 든다. 짧을 수도 길 수도 있는 6시간. 직장인의 근무 시간이 8시간이지만 실제 일 하는 시간은 3시간 정도인 것처럼 나 혼자 있는 6시간 중 온전한 내 시간은 길어도 3시간이다. 이 시간을 잘 보내고 싶었다. 최대한 같은 시간에, 규칙적으로.

A4용지에 표를 그렸다. 세로로는 기상 시간부터 취침 전까지 한 시간 단위로 적어 내려갔다. 가로에는 월요일부터 토요일까지 썼다. 다른 빈 종이에는 지금 하는 일과 그 시간대를 적었다. 해야 하는 일에는 주 2회 수업 출강과 스터디가 있었다. 수업 시간을 피해 스터디 시간을 잡으니 매일 같은 시간에 할 수가 없었다. 매일 하고 싶은 운동, 독서, 글쓰기, 마인드맵을 넣을 수가 없었다. 시간표와 할 일 목록을 보며 결정을 내린다. 하는 일과 횟수를 줄이고 기상 시간을 당기기로.

운동과 마인드맵을 그리는 횟수를 줄였다. 여태까지의 결과를 보면 실제로 못하게 되는 경우가 많았다. 일단 내가 할 수 있을 만큼만 해나가며 성취감이 쌓이는 것으로 목표를 수정했다. 운동과 마인드맵을 격일로 번갈아 하는 것으로 계획을 수정했다.

기상 시간을 더 당겼다. 새벽에 하고 있던 독서 외에 글쓰기를 추가하기로 했다. 매일 쓰려면 이 방법밖에 없었다. 밤에 써도 되지만 아이들이 자야 글을 쓸 수 있는 시간이 생긴다. 일찍 자는 편이긴 하지만 아이들의 잠 외에도 변수가 많다. 일단 밤에는 지쳐 있다. 글 쓴다고 밤에 늦게 자면 아침에 일어나기도 힘들다. 밤에 일찍 자고 수면의 질을 높여서 새벽에 개운한 몸으로 일어나 글을 쓰기로 했다.

요일별, 시간대별로 할 일을 적어놓고 실천하려고 한다. 매월 말일이 되면 한 달 동안의 계획과 행동에 대해 피드백하며 수정한다. 줄인다고 줄였지만 하지 않는 일도 있었고 시간을 지키지 않을 때도 있었다. 처음에는 욕심내어 주말까지 다 채워 넣었는데 이후에는 일요일 하루를 비워 놓았다. 그리고 주중에 하지 못한 일을 일요일에 보충하는 것으로 변경했다. 반대로 계획표대로 움직이는 날도 있다. 이런 날이 더 많아져 성취감이 쌓이기를 바랐다. 그래서 주간, 월간 피드백을 통하여 수정한다.

지금도 마찬가지로 계획표가 있다. 처음에 작성했을 때와 비교하면 3가지가 달라졌다.

첫 번째는 계획표에 시간대별로 적지 않는다. 가로로는 새벽, 오전, 오후, 밤으로 구분하고 세로로는 자기 계발, 육아, 살림으로 구분했다. 이 3가지의 균형이 중요하다고 생각했기 때문이다. 워킹맘의 경우는 일을 추가한다.

두 번째는 색을 활용한다. 처음에는 검은색 펜으로만 적었고 지금은 6가지 색으로 적는다. 실제 보낸 시간을 주 업무, 부수입 업무, 자기 계발, 육아와 살림, 인간관계, SNS 6가지 색으로 구분해 작성한다. 계획을 세울 때부터 색으로 구분해놓는다. 한눈에 어디에 더 많은 시간을 보내고 있는지 파악할 수 있다. 계획하지 않고 스마트기기 하는 시간을 관리해야겠다는 생각이 들어 5가지 색에서 하나 더 추가했다. SNS를 많이 하는 점도 고쳐야 하지만 계획하지 않고 할 때, 계획한 시간에 본래의 일을 하지 않고 SNS를 할 때가 더 큰 문제였다. 별도의 색으로 구분해 사용 시간을 파악하고 이를 계획에 반영한다. 그 시간에 SNS를 하면 시간을 계획대로 사용함을 의미한다. 그동안 시간 사용을 기록해두었기 때문에 계획도 가능한 일이었다.

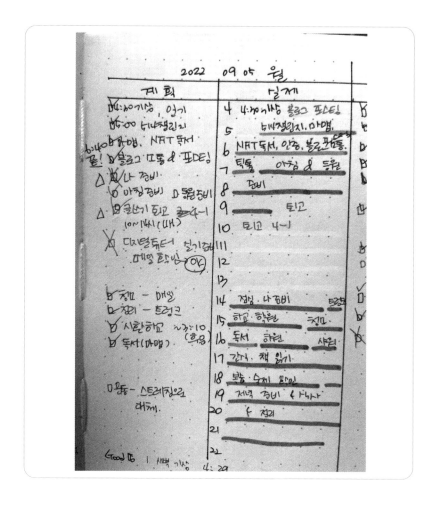

세 번째는 시간 관리 목표의 변경이다. 처음에는 혼자 있는 6시간을 잘 보내고 싶었다. 6시간 중 내 시간을 많이 확보하는 데 중점을 뒀다. 시간을 계획, 기록, 피드백을 계속 반복하니 미래의 내 모습에 대해 생각하게 된다. 이제는 어떤 하루를 보낼지를 궁리한다.

계획표를 보고 있거나 작성하고 있으면 초등학교 방학 생활 계획표를 그렸던 때가 생각난다. 지키지도 못하는, 있어 보이고 거창한 일로만 채웠다. 몇 년 전부터 작성한 계획표도 똑같았다. 하고 싶은 일을 다 적었고, 뜻대로 실천하지 못했다. 이제는 목록을 줄여 하루의 일정을 잡아 실천하고 있다.

마음도 편하게 가진다. 계획대로 하려고 하지만 스트레스를 받으면서까지 하지 않는다. 못 하는 날이 있으면 오늘 밤, 내일, 상황이 될 때, 시간이 나면 하려고 한다. 주말 하루를 비워놓은 이유다. 대신 그 주에는 끝낸다.

아이 방학 중에는 내 시간은 새벽에 가진다. 아이들이 아직 어려 같이 놀고, 손이 가는 일이 많다. 방학 때도 학기 중의 계획표처럼 보낼 수는 없다. 낮에는 아이들과 같이 보내는 시간을 표 안에 반영한다. 그러면 나만의 시간도 가지고 아이들과도 즐겁게 보낼 수 있다. 계획된 하루를 보내게 되는 것이다. 그래서 학기가 끝날 때쯤 방학 때 무엇을 할지 정하는 시간이 필요하다.

계획대로 보내는 하루하루가 쌓인다. 더불어 성취감도 쌓인다. 반복하면 자신감도 생기고 새로운 일에 도전하고 싶은 마음도 든다. 계획하지 않은, 재미있는 유혹에 맞서는 자신과의 싸움에서 이기기도 해야 한다. 결국 시간을 관리한다는 것은 나와의 싸움에서 이기는 것이다. 쉬운 길은 아니지만 그렇다고 포기하고 싶지도 않다. 엄마이기 이전에 '나'로 살고 싶기 때문이다. 그래서 나는 오늘도 계획을 세우고 실천하는 하루를 보낸다.

제3장

행복을 찾는
엄마 주도
시간 관리법

Time Management

목표부터가 시작이다

"정말 가엾은 것은 한 번도 삶을 꿰보지 않았던 사람들이다."
_ 그리스토르스 에셴마흐

　　24시간이 모자란다고 느끼는 엄마가 많다. 생활 패턴을 바꾸고 싶은 마음이 있다. 불만족인 내 삶의 변화를 꿈꾸기도 한다. 결혼과 출산 전, 일할 때 인정받던 내 모습은 온데간데없다. 집안일을 하는 나에게 '덕분에', '수고했어'라는 말을 듣기는 하늘의 별 따기와 마찬가지다. 주위로부터 진심이 담긴 칭찬과 인정을 받고 싶다. 스스로 만족하는 삶을 살아가고 싶다. 엄마가 아닌 나의 삶을 꿈꾼다. 그렇기에 내 삶의 방향이 필요하다.

서하가 어릴 때는 오롯이 혼자 보내는 시간을 원했다. 하루 30분의 시간을 가졌다. 어린이집을 다니기 시작하며 30분이 6시간이 되었다. 그토록 간절히 바라던 시간, 충분하다고 생각했다. 이렇게 긴 시간, 오랜만이다. 무엇을 해야 할지 모르겠다. 바라기만 했을 뿐 구체적인 계획을 세우지 않았다. 나를 돌아봤다. 20대부터 주로 부스터를 달고 달리며 가끔 쉬었다. 대체로 바쁘게 움직이고 있지 않을 때 불안했다. 무엇이든 하고, 배우고, 움직였다. 혼자만의 시간을 보내고 싶은 바람을 이룬 그날도 그랬다. 시간이 있어도 여유를 즐기기보다는 멍하니 계획 없이 보내는 이 상황이 썩 마음에 들지 않았다. 무엇이든 해야 한다고 생각했다.

작은 일부터 시작했다. 내 인생 목표 세우기는 도저히 감이 잡히지 않는다. 회사 다닐 때는 잘도 했는데 일 그만두고 나니 머리가 돌아가지를 않는다. '하루 알차게 보내기'부터 시작했다. 해야 할 일, 하고 싶은 일을 해내는 습관을 들인다. 간단하기도 한 이 방법은 체크 리스트를 적는 것이다. 준비물도 많이 필요 없다. 종이와 펜만 있으면 된다. 기록을 남기려고 다이어리, 노트에 적었는데 누군가는 포스트잇에 적은 후에 떼어낸다고 한다.

처음부터 많이 하지는 않았다. 욕심내었다가 못 하면 실패감만 쌓인다. 내용에는 독서, 운동과 같은 자기 계발과 집안일을 적었다. 계획한 일을 다 해내면 뿌듯하다. 자신감이 생기는 날이 여러 번 쌓이면 다음 날 하나를 더 적었다. 계획한 대로, 내가 바라는 삶으로 사는 날이 점점 많아졌다. 못 하는 날도 있다. 해냈을 때의 뿌듯함을 알기에 다음 날은 해내려고 노력한다.

작성하는 동안 적는 방법도 달라졌다. 초반에는 할 일 목록만 적어두었다. 다이어리를 쓰는 요즘은 해당 시간대 옆에 기록하고 있다.

체크 리스트는 행동하게 하는 최고의 방법이라고 생각한다. 작성법이 간단해서 손쉽게 접근할 수 있다. 네모 빈칸에 체크 표시를 하고 싶어 일부러 적은 종이를 잘 보이는 곳에 두고 체크해갔다. 하는 일의 성취감을 느끼고 싶을 때, 습관을 들이고 싶을 때 활용하면 도움이 된다.

다음 단계는 '삶의 목표 정하기'이다. 하루 목표에서 연습은 했다. 그래도 뭘 적어야 할지 몰랐다. 일할 때는 원하는 직무가 있었고 그 일에 따라 할 일을 정하기는 쉬웠으나 이제는 일도 분명하지 않다. 이때 만다라트 차트를 알게 되어 기록했다. 여덟 개의 항목으로 나누고 각 항목마다 세부 실천 사항 여덟 칸을 채워 넣으면 된다. 여기서 또 벽을 만난다. 각 칸을 채워 넣는 일이 쉽지는 않다. 그래서 여러 날 고민하고 블로그 포스팅도 참고하며 아이디어를 얻는다. 떠오르지 않을 때는 한두 개 정도만 빈칸으로 뒀다가 분기별로 꺼내 채워 넣고 수정도 한다.

삶의 목표는 제한된 시간을 어떻게 보낼지 고민하게 한다. 그래서 어떤 것을 할지 하지 않을지 결정할 수 있는 기준을 세우는 데 도움이 된다. 엄마의 하루 중 '나'로 보내는 시간은 꼭 필요하다. 그러기 위해서 목표 세우는 일이 첫 번째다. 삶의 목표가 있을 때 구체적인 실천 사항도 떠올릴 수 있다. 만약 없다면 오늘 하루, 이번 한 주, 한 달의 목표를 세우는 것부터 시작해도 괜찮다. 하나씩 쌓이고 성취해가면서 삶의 방향과 목표가 생겨난다. 처음에는 현실적으로 실현 가능한 목표를 세우지만 결국 장기 목표는 크게 잡을 수밖에 없다. 인생 목표는 실천할 수 있도록 연, 반기, 분기, 월, 주, 일로 세세하게 나눈다. 이후 종이에 적힌 구체적 행동을 그대로 하기만 하면 된다.

엄마가 아니라 '나'로 살아가는 그 시작은 목표를 설정하는 것이다.

엄마 행복 시간 관리 노트

- 1단계 : 목표 설정하기(중장기 & 단기)

- 2단계 : 연, 반기, 분기, 월, 주, 일로 세부 실천 사항 수립하기

기록해야 보인다

"꿈과 목표를 종이 위에 기록하는 것.
그것이 가장 원하는 사람이 되기 위한 프로세스를 가동하는 방법이다."
_ 마크 빅터 한센

1,000만 원과 200만 원. 입사 1년 후 돈을 모은 두 사람의 결과다. 1,000만 원을 모은 그녀는 어머니의 임플란트 할 돈 모으기라는 목표가 있었고 200만 원을 모은 나는 목표가 없었다. 같은 연봉을 받았는데 1년 후의 결과가 달랐다. 그동안 무엇을 했나 싶었다. 재테크를 하기 위해서 목돈이 필요하다고 한다. 어떤 목적일지는 모으며 생각하기로 하고 일단 1,000만 원 목돈 만들기로 한다.

불필요한 지출을 막고자 어디에 얼마 쓰고 있는지 알아야 했다. 가계부 양식을 만들어 작성했다. 석 달 동안 작성해보니 낭비하고 있는 돈이 보였다. 가계부를 작성하지 않았다면 몰랐을 일이다. 시간도 마찬가지다. 눈에 보이지 않는 시간을 관리하는 일은 더욱 어렵다. 24시간이 부족하다고 느낀다. 그렇기에 효율적으로 시간을 보내고 싶다면 어떤 하루를 보내고 있는지 작성해야 한다.

지금까지 4가지의 시간 기록 양식을 사용했다.

첫 번째는 폴라리스 다이어리다. 할 일 목록을 작성해 달성하던 그때, 『완벽한 공부법』의 책에서 시간 기록에 관한 글을 읽었다. 하루 동안 무엇을 했는지, 몰입도는 어느 정도인지 나눠 작성하라고 한다. 지금까지 해오지 않았던 일이었다. 일어나서 잠자기 전까지 무엇을 했는지 적었다. 아이를 돌보는 일이 대부분이라 집중도를 표시하지는 않았다. 한 일을 적어 넣는 것만으로도 짬 낼 수 있는 시간이 있음을 알게 되었다. 시간을 기록하고 공란에는 체크 리스트도 같이 적어 나갔다. 하지만 여섯 달을 넘기지 못했다.

다이어리를 책상에 두었는데 그 자리가 일부러 찾아가지 않으면 종일 집에 있어도 가지 않는 곳이었다. 생각나면 작성하고 아니면 빈 종이로 남겨뒀다. 시간의 필요성을 알게 해주었지만 아쉬운 점도 있었다. 한 시간을 좀 더 세부적으로 나눠 작성하기에는 한계가 있었다. 그리고 옆의 공란에 할 일, 칭찬할 점, 반성할 점을 적고 나면 간단한 일기라도 적을 공간이 없다는 것이 아쉬웠다. 결국 쓰다가 점점 손을 놓게 되었다.

헤라클레이토스는
"같은 강물에
두 번 발을 담글 수 없다."라는
유명한 말을 남겼다.

알다시피 강물은
계속해서 <u>흐르기</u> 때문이다.

그런데 헤라클레이토스는
이 유명한 말 뒤에 이런 말을 남겼다.

"강물은 <u>흐르고</u>
'사람'은 변하기 때문이다."

강물만 변하는 것이 아니다.
우리도 변한다.

폴라리스 다이어리

두 번째는 마인드맵이다. 어디에나 적용 가능하다는 마인드맵을 적어 보기로 했다. 다만 세세하게 시간을 작성하지는 않았다. 일주일 계획을 요일별로 적었고 새벽, 오전, 오후, 저녁 시간대로 구분해서 무엇을 해야 할지 적었다. 체크 박스를 두어 해냈을 때는 표시했다. 이것도 오래가지 못했다. 늘 보이는 식탁 위에 두며 할 일이 무엇인지 확인하고, 완료했다면 'V' 표시하는 것까지는 했다. 하지만 그 종이를 늘 펼쳐놓고 있지는 않았다. 종이를 넘기며 마인드맵을 그렸기 때문이다. 또한 시간을 구체적으로 작성하지 못한다는 점 때문에 그만두었다.

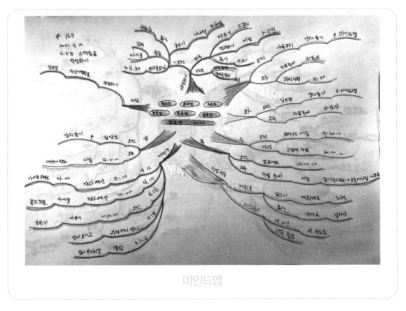

마인드맵

세 번째는 3P 바인더로 시간을 기록했다. 첫 번째인 폴라리스보다 시간을 더 구체적으로 기록할 수 있다. 10분 단위로 칸이 구분되어 있기 때문이다. 이때 5색 펜 활용에 대해 알았다.

일에 따라 색을 구분해 기록한다. 하루를 어디에 얼마의 시간을 보내는지 한눈에, 쉽게 알 수 있다. 하루, 일주일의 다이어리를 보며 지금처럼 보낼 것인지 아니면 어느 한쪽으로 치우친 중심을 다른 쪽으로 분산시킬지 결정한다. 전업주부라면 살림과 육아에 많은 시간을 보낼 수밖에 없다. 기록하지 않으면 정확하게 얼마만큼 보내고 있는지 모른다. 눈으로 확인하려면 적어야 하고 더 쉽게 파악하려면 색으로 구분한다. 나의 경우는 하루가 보라색(살림과 육아를 보라색으로 적는다.)으로 가득했다. 무조건 줄이고 싶었다. 아침, 저녁 준비와 정리에 각각 2시간 이상 걸렸다. 주 3~4회는 간단한 요리법을 찾아 요리 시간을 줄이기로 했다. 눈에 보이니 결정을 하게 되고 방법을 찾을 수 있었다. 그렇게 줄인 시간을 나의 시간으로 보냈다. 엄마라서 여러 일을 해야 하고 무엇보다도 균형 있게 보내는 것이 중요하다고 생각해 지금까지도 구분해 시간을 기록하고 있다.

이런 장점에도 불구하고 3P 바인더를 오래 쓰지 않았다. 보통 다이어리가 월, 주, 일, 메모 순으로 내지가 구성되어 있는데 나는 하루와 메모를 합치고 싶었다. 다시 말하면 하루의 일을 한 장에 다 보고 싶었다. 종이를 왔다 갔다 넘기며 작성하는 것이 귀찮기도 했다. 링으로 되어 있어 메모 용지만 중간에 끼워 넣어도 되는데 그때는 그 생각을 하지 못했다. 그 시점에 새로운 다이어리를 알게 되었다.

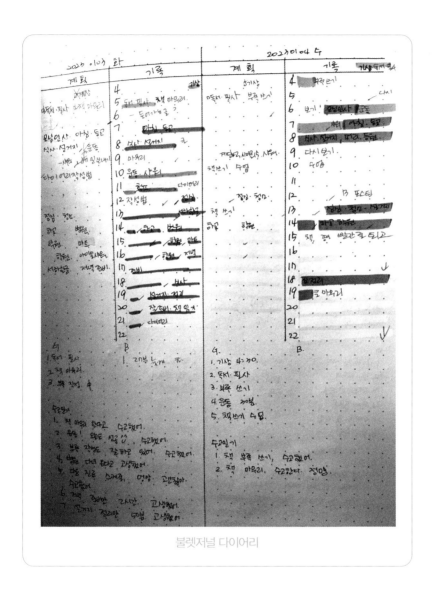

불렛저널 다이어리

네 번째, 지금까지 쓰고 있는 불렛저널 다이어리다. 양식을 자유롭게
사용할 수 있는 장점이 있다. 내가 원하는 한 페이지에 하루를 다 기록할

수 있다. 한쪽을 넘겨도 상관없었다. 점만 찍혀 있는 종이에 원하는 양식으로 꾸미고 작성하면 된다. 매월 말일에 양식을 그리는 번거로움은 있다. 그래서 꾸미기에 많은 시간을 들이지 않게 최소화했다. 다이어리 양식 세팅하는 데 1시간이면 충분하다. 매달 양식을 조금씩 변경하며 내 생활에, 삶에 맞게 사용한다. 늘어지고 행동하지 않는 날이 많다면 투두 리스트만 적고 해내는 습관부터 다시 만든다. 행동이 익숙하게 되면 계획과 보내는 시간을 기록한다. 일정한 틀이 없어 자유롭게 작성할 수 있다는 장점이 가장 크다. 중간에 그만두지 않고 1년 넘게 사용하고 있다.

막연하게 '나는 하루에 한 시간은 내 시간을 보낼 거야.'라고 생각만 하기보다는 기록하면 객관적으로 살펴볼 수 있다. 어디서 아껴 쓸 수 있는지, 어떻게 하면 효율적으로 보낼 수 있는지 파악이 가능해진다. 계속하다 보면 시간을 잘 보내기 위한 아이디어가 떠오르기도 한다. 점점 시간을 통제하며 계획하에 보내게 된다. 시간을 통제하게 되는 것, 내 삶을 시작하는 준비이기도 하다.

돈을 모으고 나의 시간을 보내기 위해서 선행해야 하는 것 중 하나가 기록이다. 가계부를 통해 지출 내용과 금액을 파악했고, 다이어리를 통해 시간을 어떻게 보내는지 알았다. 다양한 방법으로 시간을 기록해본 경험자로서 처음 시작하는 사람들이 기억했으면 하는 3가지가 있다.

첫 번째는 기록의 목적을 정하고 양식지를 선택하는 것이다. 집 선택할 때와 비슷하다. 원하는 모든 조건에 맞는 집을 구하기가 쉽지 않기 때문에 우선순위부터 정하라고 한다. 매일 다른 시간에 하교하고 학원을 보내야 하는 엄마는 한눈에 일정을 보고 싶어 한다. 미루지 않고 행동하는 습관을 들이기 위해서 기록하려는 사람도 있다. 더 나아가서 시간을 관리하고 싶은 사람도 있다. 그래서 상황과 목적에 맞는 기록장을 찾는다. 간단하게는 한글이나 엑셀에서, 조금 더 예쁘게 꾸미고 싶다면 캔바나 미리캔버스에서 제공하는 양식을 활용할 수 있다. 구매해서 써도 된다.

두 번째는 시간을 관리하고 싶은 사람이라면 세부적으로 작성할 수 있는 용지를 추천한다. 모든 일이 정각에 시작하고 끝나지 않는다. 1시간 단위보다는 30분 단위로 나누는 용지가 낫고 10분 단위로 쪼개어 기록할 수 있으면 더 좋다.

세 번째는 수시로 기록할 수 있도록 눈에 잘 띄는 곳, 자주 가는 곳에 둔다. 기록하는 것이 습관이 되지 않으면 잊어버릴 수 있다. 나에게 맞는 양식지를 찾는다고 하더라도 쓰지 않으면 아무 소용없다. 익숙해질 때까지는 눈에 잘 띄는 곳에 두며 수시로 써야 한다. 아니면 늘 휴대하고 있는 스마트폰을 활용해 시간과 내용을 메모해둔다. 지금 기억하고 있고 나중에 떠올릴 수 있다고 굳게 믿었건만 다이어리를 펼치면 떠오르지 않을 때가 많다. 특별한 이벤트 없이 지나가는 하루는 더욱 그랬다. 오며 가며 생각날 때마다 작성한다.

이제 행동만 남았다. 기록하기에 적당한 때가 있는 것은 아니다. 시간이 없어 부족함을 느낀 지금이 기록하기 좋은 바로 그때다.

엄마 행복 시간 관리 노트

- 기록하면 보이는 것 : 주로 무엇을 하는지와 낭비하는 시간

- 시간 관리 양식 선택 : ①기록 목적에 맞게 고르기

　　　　　　　　　　②10분 단위로 시간 관리할 수 있는 용지

새벽, 나와 맞아서 일어나는 시간

"타인들의 비현실적 기준에 당신 자신을 끼워 맞출 수도 있겠지만,
이를 무시하고 당신 그대로의 모습으로 행복하게 사는 데 집중할 수도 있다."

_ 제프 자크

새벽 기상을 주제로 한 책과 챌린지가 많아지고 있다. 적극적이고 외향적인 사람이 사회생활을 잘하고 성공한다는 인식 아래 바쁘고 부지런하게 살지 않으면 안 될 것만 같다. 성공한 사람들의 공통점을 살펴보면 새벽 일찍부터 하루를 시작하는 사람이 많다고 한다. 그들의 성공 습관을 따라 한다. 몸에 익지 않은 패턴으로 하루를 보내기가 힘들다. 그래도 적응하고 계속하는 사람이 있는가 하면 띄엄띄엄 하거나 그만두기도 한다. 새벽 기상을 도전하고 실패하기를 반복하며 사람들은 스스로의 한계와 마주하게 되고 실패감이 쌓여간다.

나는 올빼미형으로 지내다 안 맞아서 새벽형에 도전했다. 코로나 초반에 이미 올빼미형을 지내봤기 때문에 다른 대안이 없기도 했다. 밤 10시에 문자를 보내면 답이 없어 잔다고 생각했다던 친구의 이야기가 떠오르며 '그래, 나는 새벽 기상이야!'라며 삶을 완전히 바꾸기로 했다. 혼자 하다가 친구에게 같이 하자고 했다. 마음처럼 잘되지 않았기 때문이다. 정해진 기상 시간을 지키지 않으면 벌금을 냈다. 하고 싶은 마음은 있지만 잘되지 않을 땐 외부 동기도 필요하다. 간혹 벌금을 내긴 해도 친구와 나 둘 다 지키려 노력했다.

세벽에 일어나면 내 몸이 다름을 느낀다. 푹 자고 일어난 새벽, 개운하다. 집중 정도도 다르다. 방해하는 사람도 없다. 새벽에 일어나 할 일 다 마치면 하루가 뿌듯하다. 벌써 오늘 하루를 다 보낸 느낌이다. 이렇게 보낸 새벽은 몸과 마음이 가볍다. 전날 늦게 자서 알람을 다 끄고 자는 날도 있다. 아쉽고 후회하는 마음이 든다. 이런 날도 있기에 새벽의 소중함을 더 느낄 수 있다. 밤에 내 시간을 가지다가 새벽으로 옮기고 나서야 이 시간이 나에게 더 맞는다는 것을 알게 된다.

성공한 사람들이 새벽 기상을 한다고 하지만 모두 그래야 할 필요는 없다고 생각한다. 세상에는 외모, 성향, 성격, 기질, 취미 등 모두 같은 사람이 없다. 사람들마다 집중이 잘되는 시간대가 다르다. 그래서 폴라

리스 다이어리를 만든 신영준 작가가 몰입 정도도 같이 적으라고 한 이유이지 않을까. 무엇을 할 때, 언제 할 때, 어떻게 할 때, 누구와 하는지에 따라 집중 정도의 차이가 있다. 결국, 몰입 시간을 파악하고 최대 효과를 내기 위한 내 시간을 계획하면 된다. 나에게는 새벽 시간이었다. 몸도 편하고 집중할 수 있고 에너지 있게 하루를 시작할 수 있다.

새벽 기상을 하며 2가지에 초점을 두었다. 첫 번째는 적절한 수면 시간 확보다. 하루 여섯 시간 전후로 잔다. 너무 적게 자면 꾸준하게 일어나기가 힘들었다. 이보다 많이 자면 몸이 더 피곤했다. 두 번째는 새벽 기상으로 인해 신체적 피로, 부정적 감정을 표현하지 않다. 올빼미형으로 지내며 몸과 마음이 힘들다는 것을 알았다. 같은 상황이라도 내가 피곤하면 아이들을 혼냈고 짜증이 많아졌다. 잠 대신 새벽 기상을 선택한 것이므로 피곤하다는 이유로 아이들에게 상처 되는 말을 하지 않기로 마음먹었다. 아이들이 있을 때 피로감을 느낀다면 솔직하게 이야기한다. 20분만 잠자고 나면 괜찮아지니 그때 같이 놀자고 한다. 일어나면 앞서 했던 약속을 지킨다. 아이들은 다음에도 엄마가 쉬고 싶을 때 쉴 수 있게 도와준다.

변화하고 싶어서 새벽 기상을 선택했다. 무엇보다도 과거를 살펴봤을 때 새벽형 인간은 내 몸과 맞았다. 일단 거부감이 없다. 주위에는 올빼미형으로 살아가는 엄마도 있고 밤 열한 시에 일을 정리하는 엄마도 있다. 그들에게 무조건 새벽 기상을 추천하지 않는다. 나에게 좋다고 해서 그 방식대로 해보라고는 할 수 없다. 다만 그들의 삶에서 자기 시간을 확보할 수 있는 방법을 찾아보라고 한다. 나는 4시가 새벽이지만 그들에게는 아침 8시가 새벽일 수도 있다. 삼십 분, 한 시간 당겨 나의 시간을 가져보라고 말한다. 새벽 기상을 하는 사람들처럼 일찍 일어나기보다는 생활 패턴을 일정하게 유지하고 파악한 후 적용하면 좋겠다. 하고 싶은 이유도 생겼고 의지도 있다면 일단 행동부터 한다. 초반에 습관을 형성하기 위해서 강력한 외부 동기를 갖는 방법도 추천한다. 나에게는 벌금이었지만 혼자라면 선물로 보상할 수 있다.

나를 가장 잘 아는 사람은 누구일까. 나를 더 잘 아는 친구가 있을 수도 있다. 하지만 내 문제를 해결할 수 있는 사람, 모든 상황을 고려해 해결할 방법을 아는 사람은 오직 나다. 미라클 모닝이 유행한다는 이유로 몸에 맞지 않는 방법을 따라 하지 않았으면 좋겠다. 2가지를 찾는다. 나에게 맞는 시간 그리고 그 시간에 뿌듯함을 느낄 일.

엄마 행복 시간 관리 노트

- 라이프 스타일에 맞는 시간대 파악하기

- 새벽 = 4시, 5시라는 고정 관념 버리기, 기상 시간에서 한 시간 일찍

  일어나도 새벽!

- 그 시간에 무엇을 할지 정하기

오전, 집안일 안 하는 시간

"자기 자신을 발견하라.
자기 자신을 누구보다도 잘 알고 있으면서 실제로는 잘 파악하지 못하고 있다.
자신을 잘 파악한 사람이 진정한 자신을 발견한 사람이다."
_알랭

10시 40분. 회사 다닐 때 오전의 바쁜 일을 끝내고 모니터 하단의 시계를 보면 이쯤일 때가 많았다. 업무를 시작하고 2시간 후다. 책상 위의 남은 서류까지 처리해 잠깐 숨을 돌린다. 날마다 그렇지는 않았지만 대부분 일을 시작하고 2시간이 어떻게 흘러갔는지도 모를 정도다. 한 번 시간을 확인하고 나면 이후는 더디게 간다. 20분, 10분, 5분, 간격이 짧아진다. 오전에 일이 집중되는 것을 알았기에 좀 더 신중해야 하거나 몰입이 필요한 일은 업무 시작 후에 바로 했다. 다른 시간대보다 조금 더 빨리 끝낼 수 있었고, 문제 해결을 위한 아이디어도 주로 오전에 떠올랐다. 그래서 업무 시작 후 2시간 이내가 중요했다.

아이를 어린이집에 보내고 집에 오는 발걸음이 가볍다. 6시간 동안 내 시간이다. 방해하는 이 없다. 하고 싶은 대로, 먹고 싶은 대로 한다. 일할 때와 마찬가지로 오전 시간은 후다닥 지나간다. 특별히 무엇을 한 것도 없다. 청소기 돌리고, 잠깐 누워 SNS를 한다. 모바일 쇼핑할 때는 더 빠르게 지나간다. 점심을 먹고 나면 마음이 조급해진다. 이제 남은 시간이 많이 없다고 느끼기 때문이다. 2시간 후면 다시 전쟁 시작이다. 알면서도 계획하지 않고 흘려보내게 된다. 이렇게 시간을 무의미하게 보낸 날은 만족스럽지 않았다. 오후에는 제대로 뭔가를 하겠다고 계획했는데 크게 집중되지 않았고 움직이지 않았다. 이런 불만족을 느끼면 변화를 고민한다. 두 번의 수정을 거쳐 오전에는 집안일을 하지 않기로 했다.

첫 단계는 첫째만 어린이집에 다닐 때였다. 오전에는 움직일 힘도 있고 집중도 잘되기 때문에 이 시간만이라도 잘 보내고 싶은 마음이었다. 오전에 집안일과 독서하기로 계획한다. 둘째기 집에 있어 많은 것을 하려고 하지는 않았다. 오전 낮잠을 잘 때나 혼자 놀기 시작하면 잠깐이라도 책을 읽었다. 서하가 깨어 있을 때 집안일을 했다. 그렇게 하면 둘째의 오후 낮잠 시간에 같이 잘 수도, 휴식을 할 수도, 책을 또 읽을 수도 있었다. 오전 시간에 하지 않아야 할 일도 정했다. 육아용품을 구매하는 것이다. 어릴 때는 기저귀, 장난감, 책 등 살 물품이 많았다. 제품을 고르는 데 시간이 많이 소요된다. 오전 대신 오후에, 아이의 낮잠 시간에 하기로 했다. 내 시간도 가지고 오늘 할 일을 끝냈기 때문에 마음이 가벼웠다. 이 과정이 있었기에 6시간이 생겼을 때 오전에 할 일을 정하기가 수월했다.

다음 단계는 아이 둘 다 어린이집에 보낼 때였다. 새로운 직업을 준비하며 오전에 공부를 추가했다. 하지만 새롭고 많은 내용을 배워야 해서 시간이 턱없이 부족했다. 집안일, 독서, 공부 중 무엇을 변화해볼까 고민하다가 집을 간단하게 치우기로 결정했다. 공부할 자리인 식탁만 깨끗하게 치우는 것이다. 오전에는 간단하게 치우고 나머지는 오후에 하기로 했다. 오전 3시간을 독서와 공부하는 시간으로 가졌다. 공부할 수 있는 시간이 많아져서 만족스러웠다. 집안일에 대한 부담도 덜어지는 느낌이라 스트레스도 덜 받게 되었다.

새벽 기상을 한 이후부터는 아이들 등원 전까지만 집안일을 했다. 아이들이 밥을 먹고 난 즉시 식탁부터 치운다. 어릴 때는 양치를 도와주고 옷 입기도 봐줘야 했지만 스스로 할 수 있는 일이 많아지며 식탁 정리할 시간이 생겼다. 좀 더 여유로운 날에는 설거지도 하고 거실 일부를 정리하기도 한다. 유치원을 보내고 나면 독서, 공부, 스터디 모임을 한다. 이미 새벽에는 글쓰기, 마인드맵 그리기를 해놓았다. 오전 시간을 보내면 내 하루는 다 보낸 느낌이다. 점심 전까지 이 일을 마쳤을 때는 뿌듯하다. 오전에 집중할 수 있는 일, 하고 싶은 일로 채운 이 방법이 마음에 든다. 내 할 일을 마쳐서일까. 집안일, 요리를 좋아하지 않던 내가 조금씩 관심을 가지기 시작했다.

두 번의 수정을 거치며 점심시간까지는 내 시간으로 확보하고 집안일 하지 않기를 규칙으로 두고 있다. 다이어리 작성, 시각화, 긍정 확언, 독서, 글쓰기, 마인드맵 그리기, 블로그 포스팅하기, 강의 듣기가 새벽부터 오전까지 내가 하는 일이다. 중요한 일은 오전까지 한다. 새벽과 오전에 하는 일이 나누어져 있으나 상황에 따라 변경하기도 한다. 기상 시간이 늦어지는 날이나 등원 전에 병원에 가야 하는 날에는 양을 축소하거나 오후에 한다. 이마저도 하지 못하면 빼먹게 되기 때문에 조금이라도 하고 있다.

집중할 수 있는 시간을 가지기 위해서 2가지를 파악했다.

하나는 언제 집중이 잘 되는지를 아는 것이다. 결혼 이진부터 떠올려봐도 좋다. 나의 경우는 학생 때부터 지금까지 새벽형 인간이라는 것이 변하지 않았다. 그래서 쉽게 알 수 있었다. 만약 출산 후 생활 패턴이 바뀌었다면 현재를 기준으로 분석해보면 된다. 그러기 위해서 시간 기록은 필수다. 무엇을 했는지, 집중도도 같이 적어놓는다면 구분하기가 쉬울 것이다. 컨디션으로도 파악할 수 있다. 나는 오전이 에너지와 힘이 있고 몰입도 잘 되지만 밤에는 몸과 마음이 지쳐 있고 최대한 빨리 누워 자고 싶은 마음이 든다.

또 하나는 나를 포함한 가족생활 패턴을 분석하기다. 아무리 내가 집중이 잘되는 시간을 안다고 하더라도 가족들이 방해하거나 도와주지 않으면 아무 소용이 없다. 밤에 몰두하더라도 TV 보는 남편이 있으면 완전히 빠져들기가 힘들다. 아이들이 새벽 기상을 하는 날도 있었다. 엄마가 옆에 없어 평소보다 한 시간 먼저 일어나기도 한다. 아이들에게 엄마가 일어나서 무엇을 하는지 이야기해주고 눈을 뜨면 아빠 옆에 가서 계속 잠을 자라고 했다. 이렇게 도와주는 가족 덕분에 새벽 기상을 해나가고 있다. 밤에 집중이 잘되는 엄마는 아이가 잠든 후에 마음 편하게 보낸다. 만약 아이가 자지 않는다면 다른 가족이 도와줄 수 있는지 살펴보고 도움을 청한다.

무의미하게 보내는 시간이 아쉬웠다. 더 잘 보내고 싶은 마음이었다. 오전에 집중이 잘되었던 나를 떠올리며 최대한 점심 전에 중요한 일을 다 끝내려고 한다. 시간 안에 끝내려 집중하고 또 그렇게 해냈을 때는 만족스럽다. 아쉬운 하루를 보냈다는 느낌이 없다. 남은 시간은 마음 편하게 보낼 수 있다.

공부 시간이 더 필요해진 후에는 집안일을 오후에 하는 것으로 바꿨다. 머리 쓰는 일은 오전에 집중이 더 잘되기 때문이다. 모든 사람이 나와 똑같지는 않다고 생각한다. 누군가는 오후, 밤에 집중이 더 잘될 수도 있다. 그 시간대가 언제인지 파악하고 활용하는 것이 중요하다.

엄마가 행복해야 한다는 말을 글로만 이해할 때가 있었다. 이제는 온 마음으로, 진심으로 대한민국 엄마들의 시간과 행복을 바라는 사람이다. 그러기 위해서 나만의 시간을 가지는 것은 꼭 필요하다. 나와 맞는 시간을 제대로 활용해 행복한 엄마가 많아졌으면 한다.

엄마 행복 시간 관리 노트

- 오전에 주로 하는 일 적어보기

- 나의 집중 시간 파악하기

- 오전에 하고 싶은 일 적고 행동하기

05

오후, 몸을 움직일 시간

　잠만보, 고등학생일 때 별명이다. 특히 5교시에 많이 졸았다. 대학교 다닐 때는 점심 먹고 바로 수업에 들어가서 엎드려 자다가 교수님께 걸린 적도 있다. 우리 아이도 학교에서 잠을 이겨가며 공부하고 있지는 않을까 궁금하기도 하다. 그리고 곧 아이가 하원할 시간이라는 섬에 아쉽고 조급한 마음도 든다. 깨어 있는 시간 모두 활기차게 보낼 수 없다. 몸과 뇌가 몰입과 휴식 시간이 있어야 한다. 회사 다닐 때는 업무 시작하는 시간, 점심시간, 마치는 시간이 공식적으로 있으나 엄마의 시간은 그렇지 않다. 그래서 엄마의 시간 관리는 어렵다. 오전에는 나를 위한 시간으로 채웠으니 점심 이후부터는 주로 가족을 위해서 그리고 저녁을 대비해 쉬며 보낸다.

오후에 하는 일은 크게 7가지로 나눌 수 있다. 이 중 3가지는 매일 하는 것이다.

먼저 집안일이다. 청소기와 물걸레 청소기를 돌린다. 그리고 한 곳 또는 서랍 한두 개를 정리한다. 이렇게 하는데 40분 정도 걸린다. 점심 먹은 후 아침에 나온 그릇을 같이 씻는다. 설거지의 양에 따라 다르지만 20분이면 충분하다. 이 2가지 일에 넉넉히 1시간 잡는다. 점심때 요리한다고 시간이 많이 들 때는 밑반찬을 만들거나 미리 채소를 다듬어놓는 등 저녁 메뉴 준비를 하기도 한다. 낮에 해놓으면 저녁 시간을 좀 더 편하게 보낼 수 있다. 여기에도 30분 정도 든다. 하루에 청소, 정리, 간단한 밑반찬, 재료 손질하는데 적게는 40분, 많을 땐 90분을 들인다. 아이들과 십분이라도 더 이야기 나누기 위해서 청소와 정리를 아이들 없을 때, 내 일을 마쳤을 때 해놓는 편이다.

매일 하는 일 중 하나가 스마트폰 하는 시간이다. 폰을 하고 있으면 시간 가는 줄 모른다. 오전에 하게 되면 집중해야 하는 시간을 제대로 활용하지 못한다. 그래서 오전에는 멀리 떨어뜨려 두거나 근처에 두더라도 뒤쪽에 둔다. 시야에서 보이지 않기 위함이다. 스마트폰을 전화와 메시지 확인하는 용도로만 쓸 수 없다. 노트북 켜는 대신 폰으로 세상 돌아가는 기사도 읽고 쇼핑하고 SNS 한다. 이때 시간을 정해두고 한다. 시작하기 전 알람을 맞춰 놓았다가 소리가 울리면 하던 일 마무리하고 끝낸다. 잠깐 틈나는 시간에 하기도 한다. 하지만 폰 사용 계획을 세우고 그 시간에 하면 계획한 것을 실천한다는 것을 의미한다. 그래서 오후에 폰 하는 시간을 정해놓는다.

휴식도 잊지 않는다. 운동을 많이 하는 편이 아니라 체력적으로 힘들 때가 있다. 5년 전, 아이 셋 키우는 지인이 낮 11시가 되면 30분 동안 낮잠을 잔다는 이야기를 들었다. 그렇게 하지 않으면 초등학생 아이들의 숙제와 복습을 봐줄 때 그리고 저녁에 힘들다고 했다. 그때의 나는 열한 시에도 잠이 오는지 궁금했고 누우면 잠을 자는 언니가 신기했다. 이제는 내가 그렇게 하고 있다. 대신 오전에 잠을 자지는 않는다. 잠이 오면 커피를 마시고 잠깐 시원한 공기도 쐬며 낮잠을 오후로 미룬다. 휴식이 나태를 의미하지는 않는다. 아이들을 다시 만날 때 같이 웃고 여유가 있으려면 꼭 필요한 시간이다. 남편에게 예쁘게 말하기 위해서 중요한 시간이다. 매일 낮잠을 자지는 않지만 피곤한 날은 20분 정도 거실에 눕거나 책상에 엎드려 잔다. 침대에서 자면 세 시간 잘 것을 알기 때문이다.

다음 4가지는 매일 하지 않는 일이다. 그래서 일정과 상황에 따라 시간을 내고 있다.

그중 하나는 도서관에 가서 책 대출하는 일이다. 아이들이 없을 때는 육아와 관련된 일은 하지 않지만 딱 하나, 책 빌리는 것은 한다. 만화책은 도서관에서만 읽고 빌려 가지고 오는 것을 못 하게 하자 시환이가 도서관에 가려 하지 않는다. 그래서 혼자 가서 흥미 있어 할 만한 책을 빌려온다. 같이 가더라도 시환이는 만화책을 읽고 나는 아이들의 책을 빌린다. 내가 빌려온 책이지만 집에 있는 책만큼 재미있게 읽고 있어 반납일이 되면 도서관을 방문한다.

또 하나는 운동이다. 새벽에 운동 후 샤워하고 아침 일정을 소화하면 가장 좋다. 몸도 가볍고 뭔가 할 준비를 한 느낌이 든다. 하지만 새벽 시간을 조용히 혼자 보내고 싶은 마음이 더 컸다. 그래서 새벽에 하던 운동을 오전으로 바꾸었다. 오히려 몸이 무겁고 내 시간을 보낼 때도 집중력이 떨어졌다. 그래서 오전에는 앉아서 보내고, 오후에는 몸을 움직이기로 정하며 체력 단련 시간을 다시 옮겼다.

외출, 연락도 오후에 한다. 대구에 있었을 때는 점심 식사 모임이 간혹 생긴다. 그런 날은 점심부터 아이들 하원 전까지 모임이 지속되기 때문에 평소보다 오전이 바쁘다. 내 시간도 보내고 오후에 하는 일 중 간단하게 정리와 청소하고 나간다. 이사 온 후에는 모임은 없어졌으나 지인과 통화하는 시간이 길어졌다. 전화하며 간단한 집안일을 한다. 오전에는 폰을 진동으로 설정해두고 멀리 두기 때문에 소리를 듣지 못한다. 이때 받지 못한 전화는 오후에 한다. 집 밖으로 나가는 일도 많이 줄었다. 이사 전에도 대부분 집에서 시간을 보냈지만 이사 온 후에는 완전 집순이다. 마트에 장보기 등 외출할 일도 오전에 하지 않는다. 오후에 아이들을 데리러 가면서 조금 일찍 나서거나 중간에 빈 시간 또는 아이들과 같이 다니는 것으로 변경했다.

집안일, 스마트폰, 낮잠 또는 휴식까지 모두 다 했는데도 시간이 여유로운 날이 있다. 이런 날은 책을 든다. 오전에는 내 공부를 위해서, 독서모임에서 선정된 책을 읽는다면 오후에는 읽고 싶은 책이나 오전에 읽은 책 분야와 전혀 다른 책을 고른다. 많이 읽지는 못하더라도 아이들이 없어 오후에 짧게 집중할 수 있는 시간이다. 밤에 아이들과 같이 자는 엄마라면 이 시간이 혼자 보낼 수 있는 마지막 시간이다. 귀중한 시간을 아무렇게나 보낼 수는 없어 독서하고 있다.

이렇게 보내는 오후 시간은 오전에 몰입하고 에너지를 쏟아 낸 나에게 쉬어가는 시간이다.

학교와 유치원에서 돌아온 아이를 힘껏 안아주고 두 눈을 마주치고 대화할 수 있게 몸과 마음을 충전할 수 있는 시간이다.

오전에 '나'의 시간을 보내고 '엄마', '아내', '주부'의 역할을 해내는 시간이다.

저녁 시간을 편안하고 여유롭게 보낼 수 있도록 준비하는 시간이다.

일, 자기 계발, 육아, 살림, 인간관계의 균형을 맞출 수 있는 시간이다.

몰입이 잘되는 시간과 집중력이 떨어지는 시간을 떠올리니 할 일이 구분되었다. 오전에 보내는 시간을 제외한 나머지 일들의 공통점은 몸을 움직이는 일이었고 그 안에서 규칙을 만들어갔다. 매일 하는 일과 그렇지 않은 일로 나누고, 동선을 생각하며 일의 순서를 바꾼다. 아이들이 돌아오기 전까지의 시간을 대충 보낼 수는 없다. 또 오롯이 나를 위한 시간으로만 채울 수도 없었다. 그래서 오후에는 집안일도 하고 아이들과 즐거운 저녁 시간을 보내기 위해서 쉬어가기도 한다. 이렇게 만들기까지 시행착오는 거칠 수밖에 없다. 한 번에 되지 않지만 여러 번 수정을 거치며 나에게 맞는 시간 활용 방법을 찾게 될 것이다. 내가 그러했듯, 이 글을 읽고 있는 당신도 나와 맞는 최적화된 방법을 찾기를 바란다.

엄마 행복 시간 관리 노트

- 오후에 주로 하는 일 적어보기

- 그 시간에 하고 싶은 일 적고 행동하기

- 하원 이후 밤까지 아이를 보는 엄마라면 휴식 시간 넣기

06

저녁 21시, 육아와 살림 퇴근 시간

"퇴근 시간이 돼서, 그럼 이만."
_ 드라마 《직장의 신》 중

엄마의 퇴근 시간이 정해져 있지 않다. 아이가 자고 집안일을 다 한 후에야 비로소 내 시간 가질 수 있다. 회사에서 야근하면 야근 수당이 나오거나 다음 날 정시에 퇴근해도 눈치 보지 않는데 육아는 그렇지 않다. 매일 연장 근무의 연속이다. 밤 8시면 자는 아이들도 있다는데 우리 집 아이들은 잘 기미가 보이지 않는다. 언제 내 몸을 누울 수 있는지는 나도 모른다. 오랜만에 일찍 자는 아이들 덕분에 시간이 생기는 날에는 무엇을 해야 할지도 모르겠다. 잠을 안 자서 내 시간을 가지기 힘들고, 아이 재우다가 같이 잠이 들고, 잘 때 엄마가 옆에 있어야 하는 등 아이의 잠 때문에 스트레스받는 엄마가 많다.

　어린아이 둘을 혼자서 봐야 했다. 어린이집에 다닌 이후 하원부터는 더 바쁘다. 제대로 놀지도 못했는데 재울 시간이다. 시환이는 첫아이이기도 해서 재울 때 옆에 같이 있었다. 서하가 태어날 때 알게 된 수면 독립에 관한 책을 읽고 서하는 꼭 해야겠다고 마음먹었다. 넉 달까지만 행복했다. 혼자 잠은 들어도 새벽에 깨는 날이 여러 달 지속되며 결국 같이 누워 잤다. 걸어 다니고, 문의 손잡이를 자유자재로 열 수 있을 때는 혼자 방에 눕혀 두는 일이 불안했다. 최대한 빨리 정리하는 수밖에 없다. 오후 5시부터 밤 9시까지 쉬지 않는다. 자기 전 책 열 권 넘게 읽던 시환이에게 한두 권만 읽어주고 같이 들어가 잔다. 서하의 취침 시간을 맞추기 위해서 어쩔 수 없었다. 아이들이 잠든 모습을 확인하면 방에서 나온다. 9시 30분이다. 그때부터 미처 다하지 못한 설거지, 거실 정리, 장난감 정리를 한다. 출근 7시, 퇴근 10시. 주말, 공휴일, 쉬는 날 없다. 아직 아이들이 어리니 기다리는 수밖에.

　어둠 속에서 괴물이 나타날까 봐 혼자 자기 무서워하는 시환이가 여섯 살이 되었다. 안방 문 앞에서 수건 정리하고 정리 후에 옆에 누울 것이라고 이야기해줬다. 일부러 아이들이 보이는 곳에 앉는다. 하루는 수건 정리, 다른 날은 책을 읽었다. 매일 하지 않았고 일이 많이 남은 날, 책을 읽지 못한 날, 더 읽고 싶은 날에 했다. 시환이가 혼자 잠자고 나면 다음 날 칭찬과 감사의 표현을 잊지 않는다. 점차 문 앞에서 떨어져 식탁으로 자리를 옮겼다. 무서워하는 날도 있었고 잠들기까지 시간이 꽤 오래 걸리긴 해도 엄마가 옆에 없어도 잠들었다.

육아 퇴근 시간을 정했다. 밤 8시 45분이다. 집안일 마무리하는 시간은 밤 9시다. 그 시간에 엄마, 주부의 일은 끝내기로 한다. 아이들과 일찍 자야 하는 이유를 이야기 나누고 그 이전에 해야 할 일 마치는 습관을 들이자고 꾸준히 말하고 있다. 엄마의 시간이 필요한 이유도 설명한다. 아이늘이 크니 유치원 가고 없을 때 엄마 시간 보내면 된다고 자신의 의견을 말하기도 한다. 낮에 무엇을 했는지 이야기해준다. 밤 9시 퇴근을 위해서 아이들과 계속 대화한다.

아이들이 오고 나면 씻기기, 가방 정리, 한글 공부, 식사 준비, 주방 및 집 곳곳 정리, 자기 전 독서까지. 쉬지 않는다. 어느 한 군데에 시간을 많이 보낼 수도 없다. 쉬어도 되지만 집안일 하는 손은 느리고, 한 번 쉬면 한없이 늘어지기도 했고, 일찍 자는 것도 중요하게 생각해 전력 질주하듯 달린다. 이렇게 해야만 9시에 아이들과 인사할 수 있다. 언제 퇴근할지도 모르는 상태로 좀 더 여유롭게 보내느냐, 시간을 내 것으로 가져오기 위해서 정신없이 보내느냐의 선택에서 나는 후자를 택했다. 저녁에 5분을 쉬면 30분이 늦어지기 때문이다.

유치원을 다닐 때만 하더라도 9시까지 정리하고 같이 잠잘 수 있었다. 시환이가 초등학생이 되며 예전에 없던 일이 추가되었다. 숙제와 복습을 봐주는 일이다. 1학년이라 양은 많지 않으나 물어볼 때도 있어 옆에 앉아 있는 편이다. 2학기가 되니 숙제가 더 많아졌다. 시간이 늦어져서 설거지를 제일 뒤로 뺀다. 그 시간에 숙제와 복습을 봐주고 서하에게 책 읽어준다. 보통 서하는 시환이보다 30분 정도 먼저 들어가 자는 편이다. 서하가 자러 갈 때쯤 시환이 책을 읽어준다. 끝나면 따뜻하게 안고 설거지를 하러 간다. 9시 퇴근이 목표이지만 조금 늦어졌다. 다시 당기려는 방안은 계속 찾고 있다. 누가 챙겨주지 않지만 스스로 육아 퇴근 시간을 만들어 밤 9시부터 나의 시간을 가지는 노력을 하고 있다.

아이들 잠에 예민하게 굴지 말라고 얘기하던 남편. 그때는 출장을 갔었고 이제는 같이 산다. 그때, 그래야 내 시간이 있고 쉴 수 있다고 대답했으나 그 뒤로도 여러 번 같은 말을 들었다. 이제 그는, 주말에 10시에도 잘 생각이 없는 아이들에게 들어가라고 한다. 예전의 나처럼.

퇴근 시간 덕분에 아이들의 변화가 있었다. 규칙적인 생활을 하고 있고 삶의 태도도 달라진 것이다. 어릴 때부터 많이 신경 써온 것이지만 취침 시간을 일정하게 유지하려 한다. 아이가 학교에 다닌 이후는 더 신경 쓰고 있다. 유치원과 다르게 늦게까지 자고 갈 수도 없기 때문이다. 그러기 위해서 시간 안에 오늘 해야 할 일을 마쳐야 했다. 아이들도 먼저 할 일을 정하고, 하지 않아야 할 일을 구분하는 연습을 하고 있다. 매번 그렇게 할 수는 없지만 해보기도 하고 안 해보기도 하며 장·단점을 배우고 있다.

퇴근 시간 덕분에 나에게 1시간이 생겼다. 아이들과 같이 놀거나 아이들에게 책을 읽다 보면 가끔 이 시간이 짧아질 때도 있지만 적어도 30분은 생긴다. 그 시간에 오늘 하루를 마무리하고 내일을 계획하고 꿈꾸는 시간을 가진다.

이제 나는 퇴근 시간이 있는 엄마다. 아이가 잠든 후를 육아 퇴근이라 말하지 않는다. 내 손길이 닿지 않도록 일을 끝마치면 퇴근이다.

아이들이 어렸을 때는 이렇게 보내는 것을 추천하지 않는다. 그 시기에는 정서적으로 안정감을 느끼는 일이 중요하기 때문이다. 평소에 생활 패턴을 일정하게 유지하다가 아이의 발달에 맞춰 변경하면 좋겠다.

엄마가 되고 나서 내 시간을 마음대로 쓰지 못한다는 불만이 있었다면 내가 주인이 되어 쓸 수 있는 시간을 만들어보면 어떨까. 아침에 가지려면 좀 더 일찍 일어나면 되고, 밤에 하려면 퇴근 시간을 정하면 된다. 새벽에는 가족들이 자는 가운데 오롯이 혼자 보낼 수 있어서 만족하고 밤에는 가족들이 깨어 있는 와중에 내 시간 가질 수 있어서 좋다.

엄마 행복 시간 관리 노트

- 육아 퇴근 시간 정하기

- 살림 퇴근 시간 정하기

- 퇴근 시간이 활용하면 내 시간 보내기 가능!

07

밤 11시, 신데렐라

"좋은 잠이야말로 자연이 인간에게 부여해주는 상냥하고 그리운 간호부다."
_ 윌리엄 셰익스피어

자도 자도 피곤하고 몸이 무겁다. 적게 자면 수면 시간이 적어서 일어
나기가 힘들고, 많이 자면 허리가 아파서 누워 있고 싶다. 알람이 울려
도 쉽게 일어나지 못한다. 혹시나 하는 마음에 10분 간격으로 맞춰놓은
알람이 서너 개 더 있다. 출근 시간이 명확하지 않은 엄마에게 밤에 일찍
잘 이유보다는 재미있는 드라마나 예능, 육아 퇴근 후 치맥 등 늦게 잘
이유가 더 많을지도 모른다. 아침에 일어나야 하니까 마지못해 몸을 누
이고 다음 날 아침에 힘겹게 일어나기를 반복한다. 아이의 취침 시간은
중요시하면서 내 잠은 관리하지 않는다.

네 살 시환이와 대화한다. '일상' 대화가 대부분이다. 오늘 어린이집은 어땠는지, 무엇이 재미있었는지, 친구들과는 어떤 놀이를 하며 놀았는지 등등. 아이들을 재우고 나서 집 정리를 하고 나면 헛헛할 때가 있다. 그럴 때 TV를 켰다. 밤에는 재미있는 방송도 많이 한다. 보고 싶은 프로그램을 골라 딱 20분만 보고 전원을 끈다고 계획하지만 마음먹은 대로 되지 않는다. 리모컨 빨간 버튼을 누르려고 하면, 그때부터 재미있어 보인다. 밤 12시 넘어 잠자리에 들었다.

아이와 대화는 하지만 마음속 이야기, 고민까지 나눌 수는 없었다. 아이들이 옹알이할 때와 비슷한 상황이다. 이러다 자주 말하는 단어의 수가 대폭 줄어들지도 모르겠다는 생각을 한 적도 있다. 아이 둘을 놔두고 출장을 간 남편이 미울 때도 있었다. 가족이지만 함께하고 일상과 생각을 공유하는 일이 어려웠다. 아이가 태어나고 남편의 업무가 출장 위주로 바뀌면서 우리 부부의 대화는 사라졌다. 공허한 마음이 들 때마다 TV를 켰다. 웃으면서 잠깐 잊을 수는 있겠지만 근본적으로 해결되지는 않았다. 다음 날 일어날 때도 버거웠다. 나른 사람이 아이들의 아침과 등원 준비를 해줄 수 있지도 않다. 혼자 해야 하는 일, 변화가 필요했다.

취침 시간을 정했다. 늦어도 밤 11시에 자기. 그 시간에 자려면 30분 전에는 자리에 누워야 했다. 성인 하루 권장 수면 시간이 7시간에서 9시간이라는 글을 보고 취침 시간을 정한 것이다. 아이들이 기상하기 30분 전에는 일어나고 있어 11시부터 자도 7시간 30분을 잘 수 있다.

새벽 기상을 하며 취침 시간을 앞당기기로 했다. 점차 당겨져 취침 시간, 기상 시간 모두 90분 이상을 당겼다. 9시 30분에 자고 4시 30분에 일어난다. 비슷하게 7시간을 자지만 수면의 질이 좋다. 밤새 깨지 않고 잔 덕분에 눈을 뜨면 개운한 날이 많았다. 좋으니 계속했다.

매일 밤 9시 30분에서 11시 사이에 잠이 든다. 컨디션에 따라 조절하는데 11시에 자는 날은 많지 않다. 일부러 조절한다. 그래야만 꾸준히 할 수 있기 때문이다. 밤 11시에 자는 경우는 크게 3가지 이유가 있었다. 하나는 할 일을 덜 끝낸 날이다. 새벽과 오전에 모두 다 완료하려고 하지만 계획한 대로 안 될 때가 있다. 그런 날은 밤에 마무리하고 잔다. 또 하나는 밤에 있는 수업이나 온라인 모임이다. 대부분 오전에 참가하지만 여러 사람과 일정을 맞춰야 하니 늦은 시간에 할 때도 있다. 많아도 두 개까지만 허용한다. 시간이 길어지면 양해를 구하고 일찍 나간다. 마지막 하나는 남편과의 대화 시간이다. 아이들이 우리 이야기를 듣고 별별 얘기까지 주위 사람들에게 알리는 탓에 둘만 있을 때 이야기한다.

11시에 자기 위해서 하지 않는 행동도 있다. 밤에 온라인 모임을 갖지 않는다. 주 2회를 초과하거나 늦은 시간에 시작한다면 처음부터 시작하지 않는다. 꼭 필요한 내용이라 아쉬울 때도 있지만 비슷한 패턴으로 보내고 싶어 지키고 있다. 또 하나는 TV나 유튜브를 보지 않는다. TV를 켜지 않는 것은 습관이 되었다. TV 대신 유튜브를 더 많이 보고 있기도 하다. 알고리즘으로 나에게 적절한 영상을 추천해주기도 한다. 관심 있고 재미있는 영상이 눈에 들어오지만 끄는 용기가 필요하다. 이것이 힘들다면 스마트폰, 태블릿PC를 멀리 놔둔다.

내 시간을 가지기 위해서 새벽 기상은 필수였다. 일정한 수면 시간을 확보하고 컨디션을 유지하기 위해서는 규칙이 있어야 한다고 생각했다. 가장 먼저 취침 시간을 정했다. 적정 시간을 자고 가벼운 몸으로 일어나고 싶었기 때문이다. 과하지도 부족하지도 않은 잠 시간은 수면의 질이 높았고 이런 날은 알람 없이 먼저 눈을 떴었다. 내 패턴을 보면 9시 30분에 자면 좋지만 그렇지 못하는 날도 있다. 그래서 마지막 취침 시간을 11시로 정해놓는다. 눕는 것이 아니라 잠드는 시간이다. 그래서 30분 전에 자리에 눕는다.

목표를 이루기 위해서 역으로 계산했다. 내 시간을 가지기 위해서 언제 무엇을 할지도 결정해야 하지만 더 효율적으로 보내기 위해서 취침 시간까지 계획한다. 마치 경기를 앞두고 준비하는 운동선수 같다. 곧 있을 경기를 위해 컨디션을 조절하듯 나는 내일 새벽을 위해 오늘 밤을 통제한다.

엄마 행복 시간 관리 노트

- 기상 시간과 적정 수면 시간 파악하기

- 잠자리에 누울 시간 정하기

- 밤에 하지 않을 일 결정하기

08

미라클 나이트도 필요해

"저녁형 인간의 대표주자로는 진화론을 창시한 찰스 다윈,
영원한 로큰롤의 황제 엘비스 프레슬리, 천재 작곡가 모차르트,
이외에 버락 오바마, 윈스턴 처칠 등이 있다."

우르르 몰려가지 않기. 많은 사람에게 인기 있는 일에 잠깐 멈춰보기. 다 같이 한다고 따라가지 않기. 새벽 기상이 유행하며 하지 않는다고 불안해하지 않기. 그래서 본인에게 가장 맞는 방법 찾기.

새벽의 기적을 하지 않는다고 해서 게으른 것도 성공하지 않는 것도 아니다. 성공한 사람들을 연구한 결과, 공통점에 새벽 기상이 많았지만 나에게 맞지 않는다면, 해봤는데도 불구하고 몸이 더 힘들어진다면 다른 방법을 찾으면 된다. 이쯤에서 누군가는 밤에 보내는 시간을 제대로 활용하고 그 효과와 방법을 널리 소개하는 사람도 있으면 한다.

9시 출근에 맞추기 위해서 지하철을 타고 버스 정류장에 줄을 서서 기다린다. 아이들도 마찬가지다. 학교와 유치원 가기 위해서 일찍 일어나 준비한다. 누군가는 스스로, 어떤 사람은 알람 소리를 듣고, 그중에 일부는 알람을 여러 번 꺼 가며 일어난다. 생각해본다. 어쩌면 나는 이 시스템에 잘 길들어진 사람이 아닐까.

초등학교 입학한 후 할아버지 집에서 지낸 적이 있다. 몸이 안 좋으셔서 우리 가족은 저녁에 가서 자고 아침에 각자의 목적지로 향했다. 새벽 6시에 일어나 준비하고 아빠가 학교에 데려다주셨다. 학교 교문을 지나 운동장에 들어서면, 아무도 없다. 열쇠를 가지러 교무실에 갔었고 텅 빈 교실에 혼자 있었던 기억이 있다. 그때도 아침에 눈을 뜨기가 그렇게 힘들지 않았던 것으로 기억한다. 중·고등학교 때도 마찬가지였다. 알람이 한 번이냐 여러 번이냐의 차이였을 뿐 소리를 듣고 스스로 몸을 일으킨다. 대학생 때도 새벽 기상을 하고, 타지에서 일할 때도 룸메이트보다 30분은 먼저 일어나 준비했다. 시환이를 가졌을 때는 걸어간다고 30분 더 일찍 깼다. 30여 년을 새벽에 일어나는 삶을 살고 있다. 정해져 있는 등교 시간과 출근 시간에 의문을 가져본 적이 없었다. 규칙이니까 지키려고 했다. 어느새 나는 이 방식에 익숙해졌다.

우리 집 아이들도 아침에 쉽게 일어나는 편이다. 간혹 피곤할 때는 깨우기도 하지만 알람 없이도 비슷한 시간에 깬다. 주말에는 더 일찍 방에서 나간다. 시환이가 어렸을 때부터 일찍 자고 일찍 일어나기를 바랐다. 50일도 안 된 아이를 보며 기상 시간을 정했다. 아침 수유는 해야 하니까 7시 30분에는 깨어 있어야 한다는 결론이 나왔다. 연이어 아이가 커서 어린이집, 유치원, 학교 다니는 날을 상상해봤다. 서두르며 나서기보다는 여유 있게 준비하면 좋겠다고 생각했고 그런 이유로 일찍 재우려고 했다. 매일 비슷한 시간에 일어나는 아이들이 기특하다. 아빠보다도 먼저 일어나 준비하는 아이들의 모습을 보면 기분이 좋다. 아침에 큰 실랑이 없이 웃으며 인사 나눌 수 있어 고맙다. 한편으로 내가 편한 방식으로 맞춘 것이 아닐까 하는 미안한 마음도 든다.

성공한 사람은 하루를 일찍 시작한다는 공통점이 있다는 것을 알았을 때 그렇지 않은 사람을 보며 답답했던 적도 있다. 바로 남편을 보며 그랬다. 자신이 목표한 바는 있으나 하루의 시작을 알차게 보내지 않는 모습은 이해가 되지 않았다. 아침에 일찍 일어나기가 힘들다면 밤이라도 의미 있게 보냈으면 좋겠는데 그것도 아니다. 사람들과 모임을 하고 피곤하다면서 밤 12시에 침대에 누워 스마트폰을 보다 7시 알람에 겨우 일어난다. 어렸을 때부터 봐온 부모님은 일찍 일어나셨다. 그래서 사람들은 일찍 일어나는 줄 알았다. 우리 부부는 여행을 갈 때도 스타일이 다르다. 나는 준비, 계획하는 편이고 남편은 즉흥적이다. 나와 다른 사람과 살고 난 후에야 다름에 대해 온전히 이해하기 시작했다. 모두 다른 사람들이 살아가는 세상, 각자마다 살아가는 방식, 개개인의 색이 다르다는 것을.

　미라클 모닝, 새벽 기상이 유행하고 있다. 몸에 맞지 않아도 주위 사람들이 하니까, 성공한 사람들은 새벽 기상을 했다고 하니까 따라 하는 사람들이 있다. 힘들어서 포기하고 만다. 이 현상을 보고 있으면 하나의 시스템에 길들여지고 있지 않나 걱정되기도 한다. 세상이 빠르게 변화하고 있다. 대량 생산에서 소량 생산으로 다양한 제품이 출시된다. 갈수록 더 세부적으로 나뉘고 있다. 사람들의 욕구는 각기 다른데 새벽 기상 열풍이 마냥 반갑지만은 않은 것이 사실이다. 나는 새벽 기상이 몸에 맞아서 하지만 그렇지 않은 사람들은 자신의 생활 패턴을 분석해서 최고의 효과를 냈으면 하는 게 내 생각이다. 새벽에 일어나 그 시간을 보내는 의미도 있으나 모두가 그 시간에 할 필요는 없다.

　내가 올빼미형이라면 지금 상황에 불안해하지 않았으면 한다. 내가 생각하는 새벽 기상은 오전 4시, 5시가 아니다. 평소 기상 시간보다 1~2시간 빨리 일어나는 그 시간이 새벽이다. 일찍 일어나는 것이 가능하다면 일어나 하고 싶은 일을 하고, 불가능하면 지금의 생활 패턴을 가지고 가면서 나의 시간을 찾아보는 노력을 하고 가졌으면 하는 게 내 진심이다. 그 시간이 밤일지라도.

새벽 기상이 유행하다 보니 다양한 시간대에 인증하는 모임이 생겨나고 있다. 반가운 소식이다. 아침 7시에 일어나 인증하거나 미라클 나이트를 같이하는 곳이다. 미라클 모닝을 해보고 실패한 사람들, 도전하기가 겁나는 사람들, 새벽 4~5시에는 일어나기가 힘든 사람들이 만들었다. 새벽에 일어나는 성취감, 더 자고 싶은 욕구를 누르고 이겨내는 뿌듯함, 그 시간을 통해 내가 더 단단해지는 것은 사실이지만 해내기가 힘겨운 사람들에게까지 추천하고 싶지는 않다. 오히려 미라클 나이트 시간에도 충분히 느낄 수 있다. 오늘 하루 뒤돌아보기, 일기 쓰기, 내일 계획하기, 독서, 스트레칭, 명상 등을 통해 새벽에 일어나는 사람들의 감정을 느낄 수 있다. 모두가 똑같을 필요가 없다. 사람들의 수만큼 새벽 기상을 하는 시간과 그 시간을 채우는 방법이 다양해졌으면 좋겠다.

엄마 행복 시간 관리 노트

- 생활 패턴 파악하기

- 밤을 잘 보내기 위해 하고 싶은 일 정하기

09

토요일 밤, 피드백 시간

"실패란 없다. 오로지 피드백만 있을 뿐."
_브라이언 트레이시

어렸을 때 벽에 걸린 달력을 보면 월요일부터 시작하는 달력도 있었고 일요일부터 시작하는 달력 2가지가 있었다. 지금도 그러하다. 주로 탁상 달력의 시작일은 일요일이고, 다이어리의 월간, 주간, 양식지의 경우는 월요일이다. 옮겨 적을 때마다 조심한다고 신경 쓰지만 열두 달을 한꺼번에 적는 경우 3~4월쯤이면 어김없이 잘못 적을 때가 있다. 집중하지 않고 꼼꼼하지 않은 성격 탓을 하면서 하나로 통일시켜줬으면 하는 불편함을 느끼기도 한다.

일주일의 시작, 과연 어디서부터일까? 국제표준기구(ISO)에서는 월요일을 일주일의 첫 번째 날로 규정하고 있으며 우리나라도 월요일을 시작하는 요일로 보고 있다. 한 주의 시작일을 이야기하는 이유는 한 주를 마치는 날에 그 주를 되돌아보는 시간이 필요하다는 것을 말하기 위해서다.

새로운 한 주를 보내기 위해서 계획을 한다. 그 계획은 목표 달성을 위한 행동이고, 과거에 완료하지 못한 일이다. 이 일을 주로 토요일 밤에 한다.

다이어리에 기록만 한 과거가 있었다. 기록하기 전보다는 좀 더 알찬 하루를 보내고 있었지만 목표를 달성하고 있다는 느낌은 받지 못했다. 앞으로 나아가다가 다시 원점으로 돌아오는 일이 반복되었다. 이 점도 한 영상을 보지 않았더라면 한참 후에야 알게 되었을 것이다. 자기 주도 학습에 관한 영상으로, 공부를 계획하고 매일 실천하다가 계획대로 하지 못한 부분, 확실히 이해하지 못한 점을 일요일에 보충한다는 내용이었다. 나의 일주일이 떠올랐다. 매일 계획을 세우고 계획대로 실천하는 하루를 보내고 있으나, 못 한 일은 그대로 두거나 채워 넣지 않았다. 뭐라도 하고 있으니 괜찮다는 마음이었던 것 같다.

토요일에 피드백한다. 월요일이 시작일이니 그 전날인 일요일에 피드백하는 시간을 가졌다. 문제가 있었다. 주로 주말에 밖으로 다닌다. 집에 들어오면 저녁 먹고 재우기 바빴다. 일요일 저녁 시간에 피드백한다는 것이 생각날 때도, 아닐 때도 있었다. 생각이 나더라도 가지지 못할 때도 있었다. 일요일에 집에 있는 날도 마찬가지였다. 토요일 저녁과는 분위기가 조금 다르다. 다음 날 아침, 가족들의 출근과 등원을 준비한다는 이유로 마음이 조급했다. 집에 있는 일요일도 밖으로 다니는 일요일도 꾸준히 하지 못하는 문제가 있었다.

토요일로 변경했다. 평일 주 5일 일하는 남편을 따라 평일에는 내 시간을 확보해 보내고 있으나 주말에는 꼭 그런 것은 아니다. 컨디션에 따라 쉬는 날도 있고, 여행을 가는 날에는 온전히 내 시간 가지기가 어렵다. 목표한 일은 평일에 맞춰 계획하고 있었고 때때로 급한 일만 주말에 처리하고 있는 루틴으로 돌아간다. 그렇게 보면, 주말 아무 때나 피드백하면 되지 않을까. 그동안 해본 일요일은 어려웠으니 토요일에 가지기로 했다. 조금 더 여유롭다. 앉아서 차분하게 일주일을 되돌아볼 수 있다. 월요일에 피드백하는 시간도 가져봤다. 딱 그 시간만큼 아니 그 이상 내 시간이 줄었다. 월요일 9시부터 가족은 집에 없다. 그 시간부터 오롯이 나만을 위한 시간을 갖기 위해 그전에 한 주를 되돌아보는 게 가상 좋았다.

피드백을 토요일에 하면 좋은 점은, 남은 토요일이나 일요일 새벽에 부족한 점을 보완할 수 있는 시간이 있다는 것이다. 익숙해진 이후에는 매일 피드백한다. 못한 일은 다음 날에 보태고, 금요일까지 못 한 일은 토요일 새벽과 오전 중에 처리하고 있다. 그래서 일요일은 온전히 놀고, 쉬는 하루로 보내는 편이다.

우리는 금요일에 출발해 2박 3일 캠핑 가는 날도 많다. 타지에 이사 온 후에 양가 부모님 댁에 갈 때도 금요일에 출발한다. 이럴 때는 금요일 아침에 미리 분석하는 시간을 가지거나 일요일 밤을 이용한다. 보통 이런 일정은 최소 2주 전에는 확정하는데 평일 계획을 빡빡하게 세우지 않는다. 그래서 피드백의 시간이 많이 들지 않는다. 다녀온 이후 평일에 평소 습관을 유지할 수 있도록 컨디션 회복에 중점을 둔다. 특별한 날을 제외하고는 토요일 밤에 한 주를 돌아보고 보충하고 다음 주를 계획하는 시간을 가진다.

피드백을 통해 계획대로 시간을 보내지 않는다는 점을 알 수 있었다. 그 원인은 다양했다. 외부적인 요소도 있었지만 내 마음대로 한 시간 이상 보내기도 했다. 책이 술술 읽히거나, 글을 쓰는데 막힘없이 써지거나, 날씨가 좋아 밖에 더 있고 싶어서, 요리와 청소가 재미있다는 이유 등 잘될 때는 잘 되어서 더 보냈다. 반대로 계획한 일을 못 한 날은 그래서 더 많은 시간을 쏟았다. 계속 기록만 하고 있었다면 몰랐을 일이다. 이제는 계획한 시간 안에 끝내려 한다. 추가 시간 길어도 20분, 딱 그까지만 허락한다. 재미있어도, 마음에 안 들어도 멈추는 연습을 하고 있다. 그래야만 뒤의 일정도 소화할 수 있고 삶의 균형도 유지할 수 있다.

매일 밤에는 하루를 돌아보고 토요일 밤에는 일주일을 살펴본다. 목표를 이루기 위해 계획을 실천하려고 노력한다. 놀고 싶어서, 스마트폰이 더 재미있으니까, 몸이 힘들다는 이유로 하지 않는 횟수는 줄어들었다. 계획한 시간에 맞게 해내는 과정을 쌓아가고 있다. 이런 날은 뿌듯하다. 시간을 나답게, 주인이 되어, 주도적으로 사용했다는 느낌 때문이다. 반성하고 보완했기 때문에 지금의 나는 과거의 모습과 다르다.

시작하기 전에는 목표를 세운다. 목표 달성을 위해 계획을 수립한다. 계획대로 하고 있는지를 점검하는 시간이 필요하다. 한 달을 한꺼번에 정리하는 데는 다소 시간이 걸린다. 제대로 기록하지 않으면 정확한 원인 파악도 불가능하다. 이 주는 짧지도 길지도 않지만 적절한 시기에 맞게 보완하기 위해서 일주일 단위로 피드백한다. 일주일의 시작인 월요일에 바로 'Action'을 하기 위해서 주말에 그 시간을 가진다. 주로 상대적으로 더 여유로운 토요일에 한다. 피드백을 통해 포기하지 않는 내가 되어가고 있다. 하루를 해내고 쌓아가고 있다. 피드백, 성장하기 위해서는 필수다.

엄마 행복 시간 관리 노트

- 피드백, 주말에 하기
- 피드백할 때 체크할 점 5가지
  ① 계획과 실천 비교하기
  ② 차이 분석하기
  ③ 칭찬과 반성하기
  ④ 보완하기
  ⑤ 다음 계획에 반영하기

10

24시간을 통제한다는 것

"인내할 수 있는 사람은 그가 바라는 것은 무엇이든지 손에 넣을 수 있다."

_ 벤자민 프랭클린

눈에 보이지 않는 시간을 관리하는 것, 어렵다. 커리어, 건강, 외모, 멘탈, 삶의 태도 등도 마찬가지다. 모두 합쳐 자기 관리라 한다. 고통이 따른다. 지금 하고 싶은 욕구를 참는 연습을 해야 한다. 지금의 행복이 아니라 훗날로 미뤄야 한다. '행복 미루지 않기', '지금 행복'을 추구하는 시대로 변하고 있다. 나는 왜 그런 삶 대신 견뎌야 하고, 욕구를 자제하려 하고, 이겨내려 할까. 왜 24시간을 흘러가게 두지 않으려 하는 것일까.

인생의 목표가 있다. 살아가고 싶은 삶이 있다. 몸은 하나고 시간은 한정적이라 할 수 있는 방법은 효율성 찾기다. 같은 성과를 내려면 시간을 단축해야 했고, 같은 시간을 들인다면 더 많은 결과를 내고 싶은 마음이었다. 육아 휴직 기간을 제외하고는 작더라도 목표가 있었다. 엄마로, 주부로 방향 없이 살아보니 더 절실하게 다가왔다.

과거를 돌이켜 보면 시간 관리를 하지 못한 이유는 크게 3가지가 있었다.

첫 번째는 명확한 목표의 부재이다. 목표가 뚜렷하지 않아서 계획을 세부적으로 세우지 못했다. 이런 경우 시간을 계획대로 보내기가 어렵다. 가장 최근의 실패 경험은 초고를 쓸 때였다. 구체적으로 언제까지 책이 나오고, 초고를 쓸지 정해두지 않았다. 구체적이지 않은 생각만 하고 있었다. 하루에 3~4시간 글쓰기, 잘 써지는 날은 한 꼭지 이상 쓰기, 그렇지 않은 날은 한 꼭지 덜 써도 괜찮다고 생각했다. 짧게는 15일, 길어도 100일 안에는 초고 쓰기를 끝내기로 했다. 명확한 기한 없이 초고를 쓰고 있으니 안 써지는 날은 안 써져서 그만두고 글을 쓰다가 딴짓을 하기도 했다.

방법을 궁리했다. 이미 두 권의 책을 출간한 작가는 하루에 한 꼭지만 쓰고 있다. 잘 써져도 한 꼭지만, 안 써져도 한 꼭지는 채우기로 했다. 지금부터 40일 안에 초고 완성이라는 목표를 두었다. 시간 계획도 새로 짰다. 기억 떠올리기, 스케치하기, 글쓰기로 더 세부적으로 나눈다. 타이머를 맞춰가며 글을 쓰는 데만 집중한다. 매일 한 꼭지 완성하기에 목표와 우선순위를 두고 나머지 할 일을 조정했다. 점차 계획대로 하루를 보내게 되었다.

명확한 목표는 무엇을 할지 어느 정도의 시간을 보낼지 결정하게 한다. 하루를 예측하고 계획대로 실천하려는 내적 동기 부여를 가지게 한다. 목표를 분명하고 단순하게 만들면 시간 관리는 쉬워진다. 여기에 몇 가지 세부 계획을 세우면 행동과 점검에 도움이 된다.

두 번째는 욕구와 충돌하기 때문이다. 목표가 있더라도 어떤 날은 놀고, 쉬고, 자고, 가만히 있고, 재미있는 영상을 보고 싶은 날이 있다. 마음의 갈등이 생긴다. 목표를 이루기 위해서, 꾸준함을 유지하기 위해서 내 행동을 통제할 것인지 아니면 내 마음이 하고 싶은 것을 할 것인지 선택해야 한다.

새벽에 일어나는 일부터 시작이다. 알람이 울리면 가족들이 잠에서 깨지 않게 진동부터 끈다. 더 자고 싶은 마음은 항상 있다. 어떤 날은 바로 일어나기도 하고 또 어떤 날은 다시 눕기도 한다. 침대에 눕는 날, 아이를 껴안는 날은 갈등이 생기는 날이다.

고민 끝에 일어난 아침, 잠부터 확실히 깨운다. 따뜻한 물 두 잔, 스트레칭, 세수, 양치. 이쯤 되면 잠이 확 깬다. 거실 창가에 선다. 아직 어둠이 깔려 있다. 차는 한두 대씩 지나가고 사람은 본 적이 없다. 나를 일으킨 새벽, 보람차다. 자고 싶은 나와의 싸움에서 이겨 뿌듯하다. 목표에 한 걸음 더 다가가는 기분이 든다. 오늘 했기 때문에 내일도 또 할 수 있다. 아이들이 일어나면 웃으며 오랜 시간 동안 안고 있을 수 있다. 오전 시간도 여유롭다. 더 자고 싶고, 재미를 찾고, 편하게 살고 싶은 욕망을 따르지 않은 이 하루는 시작부터 다르다.

반면, '5분만 더'를 외치다 다시 잠든 날의 하루는 조급함으로 시작한다. 하지 못한 일이 생각난다. 새벽에 못 한 일은 남은 시간, 주말에 보충해야 한다. 실패감이 쌓인다. 이런 감정 때문에 피곤하고 몸이 무거운 날에도 일어나게 된다.

세 번째는 주부, 엄마라는 역할 때문이다. 사람들은 내 시간의 소중함을 모른다. 집에 있는 사람이라는 이유로 본인들의 요구에 응해야 한다고 생각한다. 연락하면 언제나 시간이 된다고 생각하는 사람들에게 하는 일을 말한다. 생각보다 바쁜 사람임을 인식시켜주는 것이다. 여러 번 해야 한다. 실제로도 바쁘게 지내기도 하니 거짓말하고 있지는 않다. 때로는 거절도 필요했고, 반대로 중요한 일에는 내 시간을 포기하는 결단을 내리기도 했다.

집에 있는 엄마이기에 방학, 연휴, 아이들이 아플 때는 전적으로 내 몫이다. 이런 날은 평소에 보내는 시간대로 쓸 수 없다. 꼭 필요한 시간만 확보하고 나머지는 아이들과 함께한다. 내 시간을 보내고 싶은데 아이들을 돌보는 일로 하루를 채우면 그 속상함과 허무함은 말로 설명할 수 없다. 나의 존재, 삶의 이유와 같은 철학적인 고민으로 이어지기 때문이다. 이런 날들을 여러 번 거치고 나서 계획할 때부터 아이들과 보내는 시간을 반영한다. 비록 내 시간을 많이 가지지는 못하더라도 계획대로 보내는 날이 된다.

매번 통제하고 인내하지 못한다. 나도 사람이기에 마음이 들썩거려서 계획대로 못 할 때도 있다. 그럴 때면 3가지 방법을 쓴다. 너무 하고 싶을 때는 마음이 움직이는 대로 따라간다. 계획을 수정한다. 계속 억제만 하면 오래 유지하기가 힘들기 때문에 가끔 활용한다. 또 하나는 너무 채찍질하지 않는다. 시간 관리를 못 해서 속상해하고 있는 친구에게 해주는 말은 무엇일까를 생각해본다. 그 말을 나에게 하고 있다. 달래기, 셀프 칭찬하기, 반성하기, 휴식하기 등으로 포기하지 않게 한다. 마지막으로 내 마음을 적어본다. 스마트폰을 하고 싶은 이유, 새벽에 더 자고 싶은 이유, 시간 안에 끝내지 못한 이유 등을 적으면 나의 일이지만 조금 벗어나 보게 된다. 좀 더 객관적인 눈으로 바라보면 방법을 찾을 수도 있고, 마음을 잡는 데 도움이 된다.

시간 관리를 하지 않았을 때는 목표가 없었고 하루하루가 그저 흘러가기만 했다. 내 삶의 목표가 생긴 이후 행동과 시간을 관리한다. 하루를 계획하고 기록하고 피드백한다. 매번 잘할 수는 없다. 내·외부적인 요소로 장애를 만난다. 그런 날에는 원인을 파악하고 할 수 있는 방법을 선택한다. 그 외의 날들은 계획한 대로 시간을 보낸다. 지금을 참고 내 마음을 다스리는 일, 어렵다. 지속하면 변화한다고 믿는다. 그 변화에는 목표 달성도, 시간의 자유도 포함한다. 내가 말하는 시간의 자유는 하고 싶은 일을 하며 사는 것이다. 미래의 더 큰 자유를 누리기 위해 하루 24시간을 통제하고 있다.

- 목표가 있어야 시간 철저히 관리 가능!

- 시간 관리가 안 될 때 : 계획 수정하기, 나 감싸 안아주기, 계획하지

  않은 일을 하고 싶은 이유 적기

- 나의 시간 관리 목표 적어보기

제4장

1분까지
알뜰하게 쓰는
엄마 시간표
만들기 7원칙

Time Management

집안일 줄여주는 습관들

"정리해라, 고민하지 말고."
낸시 펜모어

청소, 정리에 힘들어하는 엄마가 많다. 엄마들도 답답하다. 정리되지 않은 집을 보면 한숨 나온다. 또 내가 해야 한다는 점에 마음이 불편하다. 치워놓고 나면 금세 어지럽다. 아이들에게 한소리하고 싶다. 나도 잘하고 싶다. 청소가 취미인 사람도 있는데 어떻게 취미로 할 수 있는지 물어보고 싶다. 그들처럼 싹 치우고 싶은 마음에 날 잡고 청소한다. 뿌듯하면서 곧 아이들이 올 시간, 힘이 다 빠졌다. 아직 정리하지 못한 공간이 많다. 살던 대로 살아야지. 그리고 다시 스트레스받는다.

결혼 8년, 살림도 8년 차다. 결혼 전에 집안일을 지금처럼 해본 적 없다. 결혼하고 배워나갔다. 주말에 남편이 지적하면 수정해갔다. 설거지한 그릇, 건조대에 넣는 법을 남편에게 배웠다. 남편도 확실하게 모르는 내용은 인터넷에 검색하며 알아갔다. 쌀벌레는 왜 생기는지 그래서 쌀 보관은 어떻게 하는지, 옷의 자국은 무엇으로 지워야 하는지, 옷 정리하는 법 등. 생각해보면 육아보다 집안일이 더 스트레스였다. 아이들과 놀라고 하면 할 수 있다. 하지만 집안일은 안 하고, 피하고 싶다. 하지만 누군가는 해야 할 일, 스트레스받으며 하고 싶지는 않다.

살림에 마음이 가기 시작한 건 나를 채우면서부터다. 책을 읽고 마인드맵을 그리고 글을 쓰는 행위는 '나는 어떻게 해야 하지?', '나라면 어떻게 했을까?', '나는 어떤 사람이지?', '나는 어떤 삶을 살고 싶을까?' 이 질문에 대해 계속 생각하게 했다. 이전에는 지나간 내 인생도, 지금의 나도 별로라 생각했다. 사색을 통해 생각보다 괜찮은 삶을 살았다고 판단했을 때, 나도 누군가에게 도움이 될 수 있다는 사실을 알게 되었을 때, 더 깊게 공부하기 시작했다. 하고 싶은 일에 집중했다. 주부로 살면서 불만으로 가득 차 있고 자존감이 낮아졌을 때는 집안일을 미루고 미뤘다. 나의 시간을 가지면서 정리하고 싶은 마음이 들었다. 그래야만 더욱 내 시간을 가질 수 있었다. 다음에 소개하는 방법은 집안일 때문에 스트레스를 많이 받는 엄마들, 왕 초보자에게 도움이 되리라 생각한다.

기본은 물건을 버려야 한다. 집에 물건이 많으면 정리하기가 쉽지 않다. 깔끔함을 유지하려면 아주 부지런해야 한다. 이사를 해야 집 정리를 한다고 한다. 나도 5년 만에 버리기를 해보았다. 50리터로 세 봉지. 재활용과 나눔은 별도다. 이 많은 물건을 그동안 가지고 있었기에 정리를 하지 못했고 손도 대기 싫었다. 버리기를 하며 다짐했다. 적어도 반년 뒤에 다시 살펴보자고. 집에 있는 물건을 한꺼번에 정리할 마음이라면 넉넉히 두 달 걸린다 생각하고 마음 편하게 시작한다. 짧은 시간 안에 효과를 보고 싶겠지만 안 그래도 싫어하는 집안일을 한 번에 하면 몸 다 상한다. 또 마음만큼 못 하는 날도 있다. 여유로운 마음으로 시작한다.

정리가 취미라고 하는 사람의 하루 15분 정리, 나도 해봤다. 하루에 딱 한두 군데만 정리할 수 있다. 보름을 했는데 티 하나도 안 난다. 했던 곳이 다시 어지러워진다. 우리 집은 맥시멈 라이프이기 때문에 하루 15분 정리를 위해서 전제 조건이 있었다. 일단 집 정리가 먼저다. 그런 후에 매일 조금씩 정리하면 깔끔함을 유지할 수 있다. 집안일 좀 한다는 사람들 누구나 다 하는 말이지만 비우기 외에 다른 요령은 없었다.

버리기를 해서 집이 깔끔해지는 효과를 직접 눈으로 보게 되면 유지하고 싶은 마음이 든다. 여기서 더 어지럽혀지지 않았으면 하는 마음이 생긴다. 나의 경우 갔을 때 하기, 가면서 하기, 한 번에 다 끝내기의 방법으로 집안일을 하고 있다.

욕실은 갔을 때 하는 것을 원칙으로 한다. 횟수로 따진다면 제일 많이 가는 공간이다. 그렇기에 갈 때마다 정리하고 청소하는 것은 아니다. 아침에 샤워하며 일부를 청소한다. 3일이면 욕실 한 군데는 청소 끝이다. 3일마다 욕실을 번갈아가며 조금씩 청소하면 별도의 시간을 내지 않아도 된다.

베란다도 갈 때마다 하지는 않는다. 자주 가지는 않으나 건조기에 넣지 않는 옷을 널 때 가서 먼지와 창틀을 본다. 일주일에 한 번씩 청소하고 있다. 이사하기 전에는 앞 베란다에도 여러 가지 물건을 두었는데 지금은 꼭 필요한 물건만 두었다. 그래서 청소 시간이 짧다. 금방 끝나기 때문에 부담이 없어졌다.

뒤 베란다는 주로 분리수거 용품과 세제를 모아두는 곳이다. 아이들 등·하원할 때 가지고 나가 버린다. 주방에 가지 않으면 보이지 않기 때문에 아침 설거지 끝내고 버릴 물건을 챙겨 현관에 준비해둔다. 그래야만 잊지 않고 할 수 있다.

밑반찬은 아침 식사 준비할 때 하나를 만든다. 빨리할 수 있는 것으로 일주일에 세 번 만들었다. 저녁에 메인 음식 하나를 만들어야 하니 아침에 간단한 밑반찬을 만들자고 한 것이다. 요즘에는 아침을 간단하게 먹으면서 만들지 않게 되었다. 오히려 저녁 식사를 준비하는 데 일이 많고 시간이 오래 걸렸다. 그래서 밑반찬은 대부분 사는 것으로 바꾸었다.

빈손으로 다니려고 하지 않는다. 주방에서 안방으로 갈 때 눈에 보이는 것이 있으면 손에 들고 간다. 이동할 때 정리해야 할 것을 제자리에 둔다. 아이들 장난감은 스스로 정리하게 하고 있어 장난감을 모아놓는 상자에 넣어놓는다.

하나의 일은 한 번에 다 끝내려고 한다. 두세 번 손 가게 하지 않는다. 저녁 설거지를 하고 나면 배수구까지 청소한다. 생각날 때 청소하려고 열어봤다가 하기 싫은 경험이 있었다. 매일 깨끗하게 청소하는 것, 일 분이면 된다. 설거지하며 분리수거도 옆에 두었다가 잊어버리고 다음 날 하는 경우도 많았다. 먹고 나면 바로바로, 페트병은 비닐까지 제거해서 넣어둔다. 예전에는 이 하나를 더 못해서 또 해야 하고 쌓여서 하기 싫었다.

집안일 습관 양식지를 활용한다. 매일, 규칙적으로 해야 하는 일을 적고 체크하는 것이다. 매일 하는 일은 청소기로 바닥을 밀고, 닦고, 먼지를 닦고, 한 곳 정리하는 것이다. 규칙적으로 하는 일에 욕실 청소, 앞 베란다, 뒤 베란다, 냉장고, 주방, 책상이 있다. 요일로 정해두었다가 당일 새벽에 무엇을 할지 결정하고 있다. 많이 할 때는 1시간 정도 들여 정리하지만 미리 조금씩 해놓으면 대부분 하루 30~40분 안에 끝난다.

공부, 운동, 치과 가기는 미루면 미룰수록 하기 싫어진다. 집안일도 마찬가지다. 내 마음이 하기 싫어 미루고 있지만 그렇다고 안 할 수도 없는 일이다. 이런 사람들에게는 집안일을 하고 싶은 마음이 들어야 한다. 집안일 한다고 내 시간 못 가지는 것이 불만이었다. 나를 먼저 채우고 나니 하나씩 하고 싶은 마음이 든다. 매일 조금씩 정리하는 것도 도움이 되지만 일단 짐을 줄여야 한다. 오랫동안 안 쓴 물건부터 버린다. 정리된 집을 보면 유지하려는 마음이 든다. 시간 또는 장소를 정해 매일 정리하는 것도 도움이 되지만 할 수 있을 때 조금씩 하면 나중에 오랜 시간을 들이지 않아도 된다. 촉박한 상황이 아니라면 갔을 때, 가면서, 할 때, 틈새 시간에 한 가지 일을 더 하고 있다. 하기 싫을 때는 온갖 핑계를 둘러댔지만 이러한 습관 덕분에 이제는 할 방법을 찾는다.

- 매일 살림과 육아만 하고 있다면 나의 시간부터 먼저 가지기

- 살림 왕초보자가 기억해야 할 점 - 선 버리기 후 매일 15분 정리

- 정리해야 내 시간 확보 가능! 즐겁게 하자!

틈새 시간 이렇게 잡아라

의식하지 않으면 사라지는 틈새 시간. 시간이 부족하다고 느끼는 엄마에게 짧은 시간도 소중하다. 하고 싶은 게 많고 해야 할 일이 많으면 이 시간도 흘려보내고 싶지 않은 마음이다. 그렇다면 이 시간에 무엇을 할지 계획하고 작은 습관으로 만드는 것이 필요하다.

아이들이 어릴 때, 시간 계획을 세우던 초기에, 하고 싶은 게 많을 때 틈새 시간이 중요했다. 어린이집이든 유치원이든 아이들이 첫 기관을 다니기 전이면 엄마의 시간을 가지기가 어렵다. 매일 반복되는 식사와 놀이, 집안일로도 일이 많기 때문이다. 아이와 같이 있으니 내 시간 가지기가 힘들다. 혼자만의 시간을 가지지 않으면 긍정보다는 부정적인 생각으로 보내는 시간이 더 많아진다. 나에게 틈새 시간은 아이가 혼자서 놀기 시작할 때이다. 이제 막 놀기 시작한 아이는 혼자서 10~20분을 논다. 설거지나 청소를 하다가도 혼자서 놀기 시작한 모습이 보이면 바로 내 시간을 가진다. 책 한 권 든다. 아이와 같이 있지만 집중해서 책을 읽을 수 있는 시간이다.

시간 계획을 세우던 초기, 투두 리스트를 작성할 때도 틈새 시간을 잘 활용하고 싶었다. 뭐든 처음부터 완벽하게 할 수 없다. 시간을 관리하기로 했을 때 예상 소요 시간을 제대로 계획하지 못했다. 집중해야 할 일은 시간이 지나도 했었고 계획했던 집안일은 자꾸만 미뤄졌다. 쌓인 집안일을 하기 위해 구분한다. 시간이 많이 소요되는 일과 그렇지 않은 일. 나누어서 해도 되는 일은 시간이 잠깐 날 때마다 한다. 아이들을 데리러 나가기 직전까지 할 수 있는 집안일이 건조된 옷 정리, 욕실 청소였다. 정리된 옷만 서랍에 넣고 청소할 수 있는 데까지만 했다.

하고 싶은 게 많을 때도 틈새 시간을 활용했다. 줄이기가 먼저이지만 그때는 다 욕심이 날 때였다. 일도 하지 않는데 나의 시간을 가지면서 집안을 엉망으로 만들어버릴 수 없었다. 아이들이 없는 시간에는 내 시간을 가지고, 오기 전후 짧은 시간 또는 같이 있을 때 집안일과 요리를 한다. 아이들을 돌보는 중간중간에 하는 것이다. 집에 와서 아이들이 바로 씻지 않을 때, 유치원에서 그리고 만들고 접은 것을 꺼내 서로에게 보여 줄 때, 편의점에 들러 간식을 사서 오는 날은 20분 정도의 시간이 확보된 다. 이럴 때 집안일을 했다.

시간을 기록하면 점점 틈새 시간이 언제 생겨나는지도 눈에 보이게 된 다. 아침에 등원 전 10분 이내의 시간이 일주일에 두세 번은 있었다. 주 방과 거실 위주로 집을 정리하거나 아이들과 노는 데 시간을 보낸다. 아 이들을 등원시킨 후 집에 막 왔을 때도 시간이 있다. 이 시간을 어떻게 보내느냐에 따라 틈새가 될지 낭비하는 시간이 될지 결정된다. 소파에 앉거나 침대에 눕거나 스마트폰을 보면 1시간 금방 간다. 이런 상황을 여 러 번 겪고 나서는 컴퓨터 앞에 바로 자리 잡는다. 아니면 식탁 정리까지 만 한다. 아이들 하원 10분 전에는 하던 일을 마무리 지으려고 한다. 그 래서 하원 20분 전에 알람을 맞추고 있는데 나가기 전까지 시간이 남으 면 집안일 또는 휴식한다.

틈새 시간이 길지는 않다. 보통 20분 이내의 짧은 시간이다. 이 시간도 나누어 할 일을 정했다. 상황에 따라 달라질 수 있지만 큰 틀을 만들어 놓는 이유는 1분의 시간마저도 무엇을 해야 할지 우왕좌왕하지 않도록 하기 위해서이다.

10분 이내의 시간은 스마트폰을 본다. 주로 뉴스 기사를 본다. TV를 보지 않으니 세상 돌아가는 이야기를 알 수 없어 틈이 나면 기사를 본다. 때로는 다이어리를 적기도 한다.

10분에서 20분 이내의 시간에는 할 수 있는 일이 더 많다. 집안일 중에서는 먼지 청소, 서랍 한두 곳 정리, 빨래 정리, 채소 손질 등을 한다. SNS를 시작한 이후 블로그 포스팅에 임시 저장하는 글을 쓰기도 하고 사람들과 소통하는 시간을 가진다. 집에 있다면 집안일을 하고 밖에 있을 때는 스마트폰, SNS를 하고 있다.

아이가 학원에 다니기 시작하며 40분의 시간이 생길 때가 있다. 직접 등·하원을 맡고 있는데 마치는 시간이 서하 하원 시간 무렵이기도 해 다시 집에 왔다가 나가기도 애매했다. 평소보다 더 긴 시간이라 잘 활용하고 싶었다. 일주일에 세 번의 시간이 있는데 한 번은 마트에, 한 번은 도서관에 가고, 한 번은 독서하거나 산책한다.

틈새 시간을 활용하는 방법을 고민하다 보니 외출할 때 책을 챙기는 습관이 들었다. 책을 읽지 못하는 날도 있지만 나갈 때 가방에 책 한 권 넣어 다닌다. 시집 한 권 또는 읽고 있는 책 한 권이다. 잠깐 짬이 나면 읽으려고 하지만 아이들과 같이 외출할 때는 한 줄도 읽지 못하는 날이 많았다. 책을 안 챙긴 날 아이들은 잘 논다. 그래서 읽든 읽지 않든 외출할 때 책을 빠뜨리지 않는다.

돌이켜보니 규칙적인 내 시간을 가지기 시작할 때 틈새 시간 활용에 대해 고민하기 시작했다. 아이가 기관에 다니기 전에는 육아와 집안일을 할 시간이 많았다. 굳이 시간을 계획하면서까지 집안일을 하지 않아도 된다. 기관에 다니기 시작하며 아이들이 집에 없을 때, 하고 싶은 게 많아 짧게 비는 시간마저도 잘 활용하고 싶었다. 평일 5일 동안 오전에 3시간을 내 시간으로 확보하니 집안일 할 시간과 방법을 고민했다. 다이어리를 보니 틈새 시간이 있었고 이 시간을 활용하기로 한 것이다.

시간을 관리하고 싶을수록 틈새 시간이 소중하다.

엄마 행복 시간 관리 노트

- 기록을 통해 틈새 시간 파악하기

- 짬나는 시간에 할 일 결정하기

03

아이들에게 집안일 공부시키기

"많은 공부와 지식이 곧 지혜로 연결되는 것은 아니다."
_ 헤라클레이토스

대한민국 엄마의 교육열, 전 세계적으로도 유명하다. 태교로 동화, 외국어, 음악 등을 들려준다. 태어나면 여러 전집을 들이고 나이보다 2~3년 빠른 책도 사서 책장에 꽂아놓는다. 학교 입학 후에는 예체능을 보내고 초등 중학년이 되면 국어, 영어, 수학, 과학 등 교과 위주의 학원에 다닌다. 공부시키는 엄마들과 공부하는 아이들. 그중 나는 집안일 공부가 필요하다고 생각한다.

오은영 박사는 육아의 궁극적 목적은 '독립'이라고 한다. 그래서 아이의 나이에 맞게 가르치고 경험하라고 한다. 그동안 아이의 관심사에 따라 직·간접적으로 경험할 수 있게 도와줬다. '아이의 나이에 맞게'라는 말이 마음에 남는다. 결혼 전에 집안일을 해본 적이 거의 없다. 막상 결혼하고 살림을 꾸리니 이 부분이 아쉬웠다. 해야 할 일은 많은데 방법을 모르니 여러 시행착오를 거치며 나만의 방식을 만들고 있다. 나 혼자일 때는 그나마 쉽다. 어린아이들이 있으니 살림의 범위도 넓고 양도 많다. 지금 여덟 살, 여섯 살인 아이들에게는 먼 미래지만 온전한 독립을 위해서 나이에 맞게 할 수 있는 집안일을 연습시키고 있다.

시환이가 네 살일 때, 어린이집 상담하며 알았다. 아이들은 생각보다 혼자서 할 수 있는 일이 많다는 것을. 어리다는 이유로 그 기회를 제공하고 있지 않았다. 아직 아이니까 부모가 대신하고 있었다. 어린이집에서는 교실에 들어가면 가방에서 물건을 꺼내 제자리에 놓는다고 한다. 집에서 적용하기로 했다. 하얀색 바구니를 준비했다. 아침에 식판, 물병, 수저를 준비해 바구니에 넣어놓는 일까지가 나의 역할이다. 시환이가 서랍에서 손 닦을 수건을 꺼내 바구니에 있는 용품과 함께 가방에 넣는다. 하원 후에는 물건을 모두 꺼내어 하얀색 바구니에 담아두게 했다. 서하가 세 살이 되어 어린이집에 다니며 바구니 하나를 더 준비했다. 오빠의 행동을 보고 따라 한다. 지금은 바구니를 없앴다. 설거지할 식판과 수저, 물병은 개수대에, 수건은 빨래 바구니에 바로 넣는다. 여덟 살 시환이는 등교 전날 밤, 가방을 미리 준비해놓고 아침에는 물병에 물을 넣어 간다. 가방을 준비하고 정리하는 데 하루 5분이면 충분하지만 작은 일부터 혼자 하는 연습을 하는 중이다.

스스로 할 수 있는 일은 또 있다. 이번에도 시환이가 네 살일 때였다. 옷 입는 방법을 가르쳤다. 티셔츠와 바지, 속옷의 앞과 뒤를 구분하는 방법을 알려준다. 아침에 어떤 옷을 입을지 골라줄, 입혀줄 필요가 없다. 체육복, 원복을 입고 가는 날만 이야기해주고 다른 날은 직접 고른다. 딸은 아침에 옷 입는 일로 엄마와 감정싸움을 하게 된다는데 나는 아이가 옷 입을 시간에 다른 일을 하고 있다. 예쁘다고 생각하는 옷을 다 입어 과할 때도 있고 선택한 옷 스타일이 마음에 안 들 때도 있지만 마음 내려놓으며 취향 존중이라고 말한다. 아침마다 실랑이하지 않아도 되고 다른 집안일을 할 수 있음에 고맙다.

아이들이 다섯 살, 세 살이 되었을 때 정리 연습을 시작했다. 이제까지 가방 정리, 옷 입기를 잘해왔기 때문에 더 확대했다. 가지고 논 장난감은 정리함에, 읽은 책은 책장에 꽂도록 했다. 서하에게 장난감을 덤프트럭 바구니에 넣어 정리를 부탁했다. 거실과 방을 여러 번 왔다 갔다 하며 정리함에 넣고 마지막으로 덤프트럭 주차까지 시킨다. 놀이라고 생각했는지 재미있어한다. 시환이는 평소에 읽은 책을 바닥에 그대로 둔다. 하루에 읽은 책을 한꺼번에 꽂으려니 시간이 꽤 오래 걸려 하기 싫은 마음이 들 테다. 한 권 읽고 또는 오전, 오후에 읽은 책을 꽂는 연습을 시켰다. 정리는 지금도 진행형이다. 어떤 날은 정리하지 않고 자기도 한다. 주말에 몰아서 방을 깨끗하게 치우기도 하고 너무 많이 쌓여 우리 부부의 도움을 받아야 하는 날도 있다. 아이들이 하면 시간이 꽤 걸린다. 버려야 할 물건을 버리지 않고 구석에 두기도 한다. 제자리에 갖다놓지 않아 찾기 어려울 때도 있다. 그렇다고 매번 대신해줄 수 없다. 정리의 기본은 사용한 사람이 제자리에 두는 것이라고 알려준다. 제자리에 두지 않아 불편을 여러 번 겪었지만 그렇다는 이유로 내가 정리하지는 않는다. 아이들에게 정리할 기회를 제공한다.

아이들이 여섯 살, 네 살이 되면서 집안일을 더 많이 경험하게 했다. 이제까지 했던 일이 '나'와 관련된 것이었다면 이때부터는 '우리 가족'에 해당하는 일을 하고 그에 대한 대가를 받았다. 집안일을 하고 용돈을 받는 것이다. 여덟 살이니까, 초등학생이 되었다는 이유로 용돈을 주고 싶지는 않았다. 노동의 대가로 돈을 번다는 점을 알려주고 싶었다. 예를 들면 식사 후 식탁, 의자, 바닥을 닦는 일이다. 평소에 내가 닦지 않는 곳까지 꼼꼼하게 닦아줘 만족한다. 설거지도 같이한다. 거품 묻은 그릇을 헹구면 나 혼자 할 때보다 물을 많이 쓰기는 하지만 여러 번 하니 처음 할 때보다 물 사용량도 줄어들었다. 요리도 같이한다. 칼, 불의 경우 사용 자체를 못 하게 하기도 하는데 제대로 된 사용법을 알려주는 것이 더 중요하다고 생각하는 사람이다. 사용하기 전에 주의사항을 알려주고 항상 아이 옆에 있으며 지켜본다. 아이가 일하고 번 돈으로 사고 싶은 것을 산다. 1,000~2,000원 하는 간식과 장난감을 사기도 하고, 돈을 모아 갖고 싶은 물건을 살 때도 있다. 집안일을 통해 돈을 벌고 올바른 소비를 하는 연습을 하는 등 자금 관리에도 도움이 된다. 아이들이 클수록 할 수 있는 일도 많아지기 때문에 계속 확대할 계획이다.

아이들에게 스스로 하기와 집안일 하기는 내가 하기 싫다는 이유도 있음을 고백한다. 해도 해도 끝이 없고, 매일 하지만 티도 안 나고, 하는데 뿌듯함이 없는 이 일에 많은 시간을 들이고 싶지 않다. 하지만 무엇보다도 아이들의 장난감을 치우는 게 내 일인 것이 맞는 건가 싶었다. 내가 하지 않은 일을 도맡아 하는 게 싫었다. 요리하고 집 곳곳을 정리와 청소하는 것은 내가 아니라 '우리'가 같이 지내기 때문이다. 그래서 모두가 해야 하는 일이라 생각한다. 아이들이 집안일을 하고 나면 덕분에 깨끗해졌다는 말을 꼭 한다. 먼저 하겠다고 하는 날에는 엄마가 부탁하고 시키지 않아도 하려고 했다는 점에 고맙다고 말한다.

집안일, 가족 내에서 분담이 필요하다고 한다. 엄마의 힘을 덜어내기 위한 것만은 아니다. 다 같이 쓰는 공간, 모두를 위한 일에 엄마가 아니라 가족 모두가 더불어 하자는 이야기다. 아이에게도 시험공부가 다가 아니라는 것을 알려줄 필요가 있다. 아이의 올바른 독립을 위해서는 시험공부 외에도 경험해야 할 것이 많다. 우리가 쉽게 실천할 수 있는 것이 바로 집안일 공부다. 아이의 나이와 상황에 맞게 할 수 있는 기회를 제공한다. 내 마음에 들지 않는다고 기회를 빼앗지 않는다. 계속 연습과 격려, 칭찬과 보상해준다. 앞으로도 우리 가족의 상황에 맞게 집안일을 함께할 계획이다. 아이들이 집안일 한 덕분에 엄마는 다른 일을 할 수 있는 시간이 생긴다.

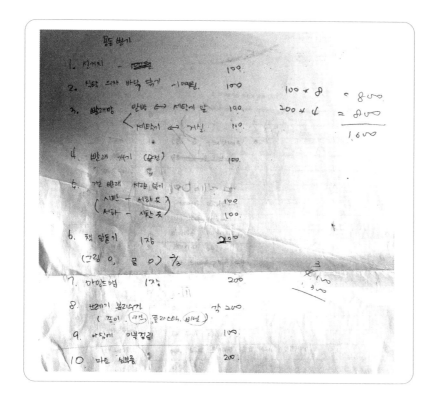

엄마 행복 시간 관리 노트

- 아이 나이, 기질, 성향에 따라 할 수 있는 일 결정하기

- 용돈은 '우리'의 일을 했을 때 노동의 대가로 지급하기

- 용돈을 벌 수 있는 일과 금액 합의하기

편리미엄으로 내 시간에 투자하기

> "가격은 우리가 내는 돈이며, 가치는 그것을 통해 얻는 것이다."
> _ 워런 버핏

편리함과 프리미엄의 합성어인 편리미엄은 시간과 노력을 줄이는 대신 그에 상응하는 비용을 지급하는 소비 형태이다. 예전에는 가격 대비 만족도를 고려했다면 시대와 세대가 변함에 따라 사람들의 가치도 달라졌다. 1980년대 초반에서 2000년대 초에 출생한 세대인 MZ 세대가 소비의 주축이 되면서 엄마의 희생보다는 나의 행복과 만족을 추구한다. 시장에서는 삶의 질을 높여주는 제품이나 서비스가 출시되고 규모가 점점 더 확대되고 있다.

나는 이런 변화에 적극적으로 반응을 보이기보다는 지켜보는 편이다. 그 현상이 계속되면 사고 싶은 마음이 들기도 한다. 경험해보고 나면 더 일찍 하지 않아 아쉬운 마음이 들었다. 만족하면 주위에 추천한다. 내 시간이 생기기 때문이다. 크게 2가지 분야에서 편리미엄으로 내 시간을 확보하고 있다.

먼저 요리이다. 해줬을 때 반응이 좋은 반찬은 계속해주고 부족한 반찬은 구매한다. 꾸준히 직접 만들어 먹는 메뉴가 20가지가 안 된다. 밑반찬은 간단하게 할 수 있는 요리를 제외하고는 사 먹는다. 어떤 반찬을 할지 고민하지 않아도 좋고 남은 재료를 또 어떻게 활용할지 검색하지 않아도 된다. 양념 고기도 마찬가지다. 따로 양념하지 않아도 되는 재어놓은 것을 사 먹는다. 채소도 똑같다. 해물파전을 좋아해 자주 먹고 있는데 손질한 쪽파는 비싸서 그렇지 않은 것을 샀다. 손질하는 데 시간이 꽤 걸렸다. 우리 가족만 먹을 때는 깐 쪽파로도 충분해 손질된 쪽파를 구매한다. 샐러드 채소도 한입 크기로 손질된 제품을 이용한다. 한 번 사 먹어보니 평소에 사지 않는 채소까지 포함되어 있으니 맛볼 수 있이 좋았다. 요리 시간을 줄여줄 뿐만 아니라 메뉴 결정, 장보기와 손질, 남은 재료 활용과 처리하는 시간까지 아낄 수 있다.

또 하나는 기계를 이용하는 것이다.

건조기가 처음 나왔을 때, 남편은 사자고 했고 나는 필요 없다고 했다. 하지만 동남향, 베란다 없는 저층의 특성상 빨래가 뽀송뽀송하게 마르지 않았다. 장마철에만 쉰내 나던 옷이 다른 계절에도 났다. 한 번 더 세탁기를 돌리고 널기를 반복하다 결국 건조기를 구매했다. 더는 옷에서 냄새나지 않았다. 빨래 스트레스를 날려버렸을 뿐만 아니라 옷을 하나씩 털고 너는 과정이 생략되었다. 아이들 옷은 대부분 한 번 입고 빨래하는데 양이 많아 너는 일도 시간이 꽤 걸린다. 바닥에 떨어진 먼지를 닦는 일까지 포함하면 한 번에 20분 정도 걸린다. 지금은 5분 안에 끝이 난다.

다음으로 만족한 용품은 로봇 물걸레 청소기였다. 바닥 닦는 일은 매일 해야 하는 일이고 청소기와는 달리 시간도 조금 걸렸다. 생활 3대 이모님이라는 단어가 유행할 때 로봇 물걸레 청소기를 구매했다. 청소한 후 버튼을 누르면 알아서 집 곳곳을 돌아다닌다. 내가 할 일은 모든 곳에 다닐 수 있도록 방문을 열고 식탁 아래에 들어갔을 때 쉽게 나오기 위해서 의자를 치워놓는 일이다. 덕분에 그 시간에 다른 일을 할 수 있다. 시간을 벌어주는 로봇 물걸레 청소기, '반들이'라는 이름을 지어주었다.

에어프라이어는 주방에서의 시간을 줄여준다. 특히 설거지가 한가득 쌓여있을 때, 집안일이 많을 때, 아이 숙제를 봐줘야 할 때는 재료를 넣고 시간만 맞춰놓는다. 한 번씩 가서 뒤집어주고 바짝 익지 않게, 타지 않게 살펴봐야 한다. 덕분에 최소 15분 정도의 시간 동안 설거지, 집안일, 아이 공부 봐주기 등을 할 수 있어 유용하게 쓰고 있다.

아직 집에 없는 가전이 바로 식기세척기다. 하루 두 번, 4인 가족 설거지의 양이 많다. 그만큼 주방에서 보내는 시간도 많다. 하루에 설거지하는 시간을 모두 더하면 1시간은 나온다. 크다. 아이들과 시간을 보낼 수도, 집 정리를 할 수도, 나의 시간을 보낼 수도 있다. 그렇기에 충분히 가격을 지불하고 구매할 수 있다고 생각한다.

사고 관리하는 데는 돈이 든다. 지출하는 이유는 게으르고 피하고 싶어서가 아니다. 손질된 재료와 반찬을 사고, 기계를 이용함으로써 내 시간을 보낼 수 있다. 집안일로 치우친 균형을 나로 옮길 수 있다. 단순히 집안일을 안 하고 싶다는 이유로 구매하지는 않는다고 생각한다.

삶의 가치가 돈일 때가 있었다. 많기를 소망했다. 아끼고 모았다. 시간이 금이라는 이야기도 있으나 현금과 골드바를 더 좋아했다. 휴직과 퇴사하며 외벌이가 된 상황에서 건조기 구매를 반대한 첫 번째 이유는 돈 때문이었다. 손질된 재료를 선택할 때도 마찬가지였다. 내가 조금 더 노력하면 돈을 아끼며 집안일을 할 수 있다고 믿었다. 지금도 여전히 외벌이다. 이제는 돈보다 다른 것에 더 중점을 둔다. 그래서 아끼려고만 하지 않는다. 하루 24시간, 불변이다. 시간을 돈으로 사서 더 많이 가질 수 없다. 시중에 제공하는 제품이나 서비스, 일을 대신해주는 기계를 통하여 내 시간을 확보할 수 있다. 사보고 이용해보니 편했다. 나의 수고를 덜어주기 때문이기도 하지만 그 시간에 다른 일을 할 수 있어서, 삶의 균형을 잡아준다는 점에서 만족한다. 그래서 비용이 아니라 꿈에 '투자'하는 돈이라 여긴다. 편리미엄 덕분에 내 미래에 시간과 정성을 들일 수 있어서 감사하다.

엄마 행복 시간 관리 노트

- 편리미엄, 단순히 편하기 위해서가 아니라 내 시간을 갖게 해줌

- 자기 계발에 있어서만큼은 편리미엄이 아니라

  시간과 노력을 들이기

05

스마트기기 사용 시간과 목적 정하기

"절제란 단 한 번에 이루어지지 않고 꾸준한 노력에 의해서만 가능하다."
_ 레프 톨스토이

아이들이 폰만 보고 있으면 부모는 답답하다. 복습, 숙제, 샤워 등 할 일이 많은데 TV를 보거나 스마트폰을 한다. 잔소리를 안 할 수가 없다. 혼자 조절하게 하지만 폰만 손에 쥐고 있다. 부모는 자녀의 스마트폰을 관리하는 앱을 설치한다. 앱을 삭제할 수도 있고 사용 시간 통제도 가능하다. 아이의 스마트폰 사용 시간과 앱 잠금을 하는 부모들, 먼저 나는 스마트폰을 어떻게 사용하는지 파악해야 하지 않을까.

아침에 일어나서 기지개도 하지 않았는데 폰부터 찾는다. 길거리를 걸으며 화면을 보고 있고 잠자기 직전까지 누워서 본다. 스마트폰이 있어

늘 인터넷을 할 수 있다. 은행에 가지 않고 업무를 본다. 전자책이 출시되어 폰으로 책을 볼 수도 있다. 매장에 가지 않고 물건을 살 수도 있다. 스마트폰은 일상을 편리하게 만들었다. 스마트폰이 없으면 정상적인 생활을 하는 데 힘들다는 사람이 많다. 생활을 편하게 하는 이점도 있으나 중독이라는 문제점, 쉽게 공감할 수 있다.

눈이 아팠다. 안 그래도 안경을 쓰고 있는데 시력이 더 나빠질까 봐 걱정된다. 하지 말아야지 하면서도 밤에 폰을 놓지 못했다. 밥을 먹을 때도 마찬가지였다. 아이들의 밥을 더 이상 떠먹여주지 않아도 될 때 그릇 옆에 폰을 두고 봤다. 아이들이 놀 때도 마찬가지였다. 사진 찍기 위해서 폰을 옆에 두었는데 아이들끼리 놀기 시작하면 폰을 쥐고 검색을 하거나 SNS를 보는 날도 많았다. 주방에서 안방까지 가는 동안에도 손에 쥐고 다녔다. 뭘 하지 않아도 늘 가지고 있었다.

폰의 잠금이 풀어져 있을 때 서하가 폰을 만졌다. 무엇을 할 수 있을까 지켜보았다. 사진 앱과 사진을 터치해서 자기 사진을 보며 웃는다. 크게 보고 싶을 때는 손가락 두 개를 이용했다. 원래 크기대로 돌아가기 위해서 화면을 톡톡 두 번 빠르게 눌렀다. 다른 사진이 보고 싶으면 옆으로 밀어 넘겼다. 옆으로 밀다가 또 다른 사진을 보고 싶을 때는 뒤로 향한 화살표 표시를 눌렀다. 스크롤을 내리며 사진을 선택했다. 세 살인 아이, 어떻게 이렇게 폰을 잘 만지나 싶었다. 답은 금방 찾을 수 있었다. 주 양

육자인 내가 폰을 많이 봤기 때문이다. 아이는 그런 내 모습을 유심히 보고 있었다는 것을 깨달았다. 엄마 손끝의 움직임을 관찰하고 있었다. 폰에 빠져 있던 나는 옆에 있던 서하의 모습을 보지 못했다. 두 살 많은 시환이에게 폰을 줘봤다. 엄마가 찍은 사진을 어떻게 하면 볼 수 있는지 보여달라고 했다. 시환이는 몰랐다. 폴더폰을 사용하는 할머니에게서 18개월까지 보낸 시환이, 태어나면서부터 쭉 나와 항상 같이 있었던 서하. 아이 둘이 스마트폰을 다룰 수 있는 능력은 달랐다. 서하가 보여준 모습 덕분에 스마트폰을 수없이 보고 있음을, 아이 앞에서 많이 하고 있음을 알게 되었다.

아이들 앞에서는 사용하지 않기로 마음먹어도 그렇게 하기가 쉽지 않았다. 카카오톡 알림을 보고 확인하지 않으면 불안했다. 막상 열어보면 중요한 연락은 없었다. 눈에 보이면 자연스레 손이 먼저 갔다. 그래서 구석진 곳에 두고 진동으로 바꿨다. 이마저도 되지 않으면 사용 시간을 통제하는 앱을 사용하거나 스마트폰 감옥 상자를 구매하려 했다. 폰 하는 시간이 줄어드니 집안일이 빨리 끝났다. 빨래를 정리할 때도 영상 하나를 틀어놓고 보며 옷을 개었는데 안 보니 5분 더 일찍 끝났다. 설거지할 때도 영상을 보며 했는데 그릇의 양이 많을 때는 10분 더 일찍 마칠 수 있었다. 이후로 즐겁게 집안일을 하고 싶을 때는 영상을 보기도 하고, 빨리 끝내고 싶을 때는 일에만 집중한다.

스마트기기 사용 시간을 정하기로 했다. 하루에 계획한 시간은 30~40분이다. 타이머를 맞춰놓는다. 점심 후에 이 시간을 가지는데 주로 3가지를 한다. 하나는 신문 기사를 읽는 것이다. 짬이 날 때 기사를 읽지만 정해진 시간에 먼저 하는 일이 주요 뉴스를 체크하는 것이다. 또 하나는 검색하고 쇼핑하는 것이다. 검색할 내용을 생각날 때마다 다이어리에 적어놓았다가 한 번에 한다. 쇼핑은 최대한 짧게 한다. 최저가 검색하다가 시간만 낭비한 경우가 허다했다. 살 목록이 정해지면 검색 사이트 두세 군데 들러 가격 비교하고 바로 산다. 마지막으로는 SNS이다. 블로그 포스팅할 사진을 선택해 업로드시킨다. 한 번에 5분이면 된다. 시간이 여유롭다면 블로그 포스팅할 내용을 조금 작성하거나 이웃들과 소통하는 시간을 가진다. 정해진 시간 동안 이 3가지 위주로 한다. 다 못 할 때도 있어 아이들 하원 기다리며 하기도 한다. 한국인의 스마트폰 사용 시간을 살펴보면 평균 4시간 가까이 사용한다는 조사 결과가 있다. 블로그 포스팅은 주로 노트북을 이용하니 이 시간을 합하면 2시간 내외다. 강의 듣는 시간까지 포함하더라도 평균보다 적게 사용하고 있다. 의도적으로 시간을 아껴서 하고 싶은 일에 시간을 쓴다.

모든 사람에게 무조건 줄이라고 하는 말은 아니다. 사용 시간을 줄이려는 노력이 필요하지만 무엇을 하는지도 중요하다. 실제로 폰을 많이 하는 사람 중에 SNS에 글을 올리며 홍보하는 등 폰으로 일을 하는 경우도 많다. 강의를 듣거나 책을 보며 자기 계발하는 사람도 있다. 운동 앱을 이용해 건강을 챙기기도 한다. 전략적으로 이용해야 한다. 심심하다고, 옆에 있어서 폰을 본다는 이유라면 줄이고 이 시간을 충분히 나의 시간으로 만든다.

아이들과 같이 있을 때 검색해야 한다면 이야기를 한다.

"이번 주 여행 가는데 날씨 확인해볼게."

"로션이 다 떨어졌는데 지금 안 사면 또 잊어버릴 거 같아. 로션만 살게."

이렇게 말하고 한다. 그리고 딱 그것만 한다. 다른 것 하지 않는다.

독서하는 아이로 자라게 하고 싶으면 부모가 독서하는 모습을 보이라고 한 데서 적용했다. 폰 사용을 통제하는 모습을 보여주고 싶다. 타이머를 맞춰 놓고 시간을 초과했을 때는 더 하는 이유와 다음에는 시간을 지키겠다고 다짐하는 혼잣말도 들려준다. 시환이는 스마트기기를 만지는 것을 좋아하지 않는다. 하게 되면 푹 빠져서 하지만 여러 선택지가 있다면 스마트기기를 매번 선택하지는 않는다. 하지만 서하는 많이 좋아한다. 무조건 스마트기기, 화면이 반짝거리는 것을 고른다. 장난감 노트북을 할 때도 사용 시간을 정한다. 시간이 되면 전원을 끄는 연습을 어렸을 때부터 배우고 있다.

계획 없이 폰을 사용하면 흥미 위주로 하게 된다. 재미있는 영상을 보거나 게임을 하면 멈추기가 어렵다. 더 흥미로운 것을 찾기도 한다. 자연스레 스마트기기를 찾고 있다면, 사용 점검을 해볼 필요가 있다. 눈에 보이지 않는 곳에 폰 두기로 어느 정도 효과를 보면서 스마트폰 중독을 확인하는 앱을 이용하지 않았다. 사용 시간을 줄이려면 하루 사용 시간과 주로 사용하는 앱 등에 대한 정보를 객관적인 수치를 눈으로 확인하면 도움이 된다. 이 자료를 바탕으로 하루 목표 시간도 설정할 수 있다. 스마트기기로 무엇을 할 것인지도 정한다. 재미를 뿌리치고 노력하는 일, 쉽지 않다. 하지만 나를 위해서도 아이를 위해서도 의식적이고 계획적이고 반복적인 노력이 필요하다. 잡으면 1분이 1시간처럼 지나가버리는 스마트폰, 잡지 않는 1분을 가져보면 어떨까.

엄마 행복 시간 관리 노트

– 나의 스마트폰 사용 점검하기

– 하루 스마트폰 사용 시간 설정하기

06

뽀모도로 타이머 활용하기

"유일한 진정한 행복은 목적을 위해 몰입하는 데서 온다."
_ 윌리엄 쿠퍼

뽀모도로는 시간 관리하는 하나의 방법으로, 타이머를 이용해서 25분 간 집중하고 5분을 쉬는 방식이다. 네 번 반복하고 마지막 휴식 때는 30 분을 쉰다. 타이머라는 특성상 한 공간에 여러 사람이 있다면 활용하기 가 어렵다. 특히 직장인이라면 집중력을 위해서 뽀모도로 타이머를 적용 해보겠다는 본인의 계획과는 다르게 동료와 이야기를 할 수도 있고 전화 가 올도 수 있다. 그렇기에 실제로는 집이나 독립된 공간에서 일하는 사 람들이 적용할 수 있는 방법이라고 생각한다. 특히 프리랜서, 자기 계발 하는 엄마들에게 도움이 된다.

효과를 제대로 본 것은 수업 준비를 할 때다. 보통 수업 준비에 2시간 이상 걸린다. 25분간 집중하고 5분 쉬기를 네 번 하기로 했다. 그림책을 검색할 때, 기사나 쇼핑에 클릭하기도 했는데 시간을 설정하고 나서는 딴짓하는 시간이 확 줄었다. 이 시간만큼은 집중해서 하고 싶은 마음이 들었다. 시간이 길면 중간에 쉬고 싶고 다른 생각이 나겠지만 딱 25분이다. 이 시간도 집중을 못 한다는 부정적 감정을 느끼고 싶지 않았다. 시간이 꽤 걸리는 일은 뽀모도로 방식으로 하며 집중력을 높인다.

마인드맵을 그릴 때도 타이머를 켠다. 그리기 전 자료를 읽고 간단하게 구분하는 데까지 25분, 휴식 5분, 마인드맵을 그리는데 25분이다. 다시 5분 쉬고 포스팅하는 데 30분 설정한다. 이렇게 하면 하루 중 마인드맵을 그리는 데 소요되는 총 시간을 90분으로 예상할 수 있다. 일을 큰 덩어리로 구분할 수 있으면 뽀모도로를 적극적으로 활용해보는 것을 추천한다. 시간 관리에도, 하루 계획에도 유용하다.

모든 일에 25분 집중과 5분 휴식을 적용하는 것은 아니다. 무엇을 하느냐에 따라 집중 시간을 다르게 설정한다. 뽀모도로를 알게 된 계기는 독서 모임을 하는 친구가 10분 독서와 1분 휴식하는 방법을 알려주면서이다. 독서에 바로 적용해보았다. 처음에는 집중이 잘되지 않았다. 10분이 지난 거 같은데 아직 알람이 울리지 않아서 시간을 보니 3분 남았다. 타이머는 정상 작동하고 있었다. 다시 마음을 가다듬고 알람이 울릴 때까지 집중하기로 했다. 이것을 반복하다 보니 하지 않을 때보다 한 문장씩 의미를 파악하며 읽는 데 도움이 되었다. 지금은 시간을 조금 더 늘려 25분 독서하고 5분간 휴식한다. 처음에는 스마트폰의 타이머 기능을 활용했는데 요즘은 뽀모도로 앱을 사용한다. 스마트폰 사용을 통제하는 기능이 있기 때문이다.

집안일 할 때도 타이머를 활용한다. 설거지 양을 보고 시간을 설정한다. 하지 않을 때보다 1~2분이라도 더 빨리 끝낼 수 있다. 옷 정리, 공간 정리도 마찬가지다. 정리할 양과 공간을 보고 목표 시간을 정한다. 뽀모도로는 네 번을 반복하는 것이지만 집안일을 하루에 2시간 할 마음은 없다. 짧은 시간이라도 뽀모도로를 활용하면 시간 안에 집중해서 끝내겠다는 의지가 생기며 조금이라도 일찍 끝날 수 있다.

SNS를 활용할 때도 시간을 맞춘다. 평소 블로그는 틈틈이 임시 저장 기능을 활용해서 사진을 올리고 글을 조금씩 쓰고 있다. 마무리는 노트북에서 하는데 작성한 글이 있다면 20분, 사진만 업로드된 상태라면 40분 설정한다. 마음에 들지 않을 때도 있지만 마무리하고 발행 버튼을 누른다. 인스타그램에는 비교적 짧은 글을 쓴다. 10분 타이머 설정하고 시간 안에 글을 쓰고 사진을 편집한다. 카드 뉴스 만들 때도 마찬가지로 20분의 시간을 설정한다. 다른 사람들처럼 예쁘게 만들고 싶은 마음이지만 시간이 오래 걸렸다. 시간을 단축시키기 위해 같은 주제로 발행할 때는 하나를 만들어놓고 안의 내용만 바꾸고 있다. SNS를 할 때도 시간을 설정해놓으면 하루를 계획하는 것이 가능하고 설정한 시간에 몰입해서 끝낼 수 있다.

강의 들을 때도 활용한다. 강의를 듣기 위해서는 인터넷 접속이 필요한데 창 크기를 줄여 딴짓을 할 때도 있다. 노트북에서는 영상이 켜져 있고 손과 눈은 스마트폰에 가 있는 상황이다. 그래서 폰의 뽀모도로 앱을 켠다. 그러면 폰 사용을 하지 못한다. 반대로 폰으로 강의를 볼 때도 있다. 노트북처럼 두 개의 화면을 볼 수 없으니 노트북보다는 조금 더 집중할 수 있다. 더 집중하고 싶을 때는 강의 시간만큼 타이머를 켜고 수업을 듣는다.

집중하지 않고 다른 생각과 행동을 하고 있을 때 답답했다. 그런 고민을 하고 있을 때 10분 집중과 1분 휴식을 알게 되었고 독서부터 적용해 보았다. 회사 퇴직 후 오랜만에 몰입한 경험이었다. 독서에서 내 일로 확장해서 적용했다. 뽀모도로의 방법대로 하지는 않는다. 내 상황에 맞게, 처리해야 하는 양에 맞게 시간을 설정한다. 시간을 낭비하지 않고 해야 할 일을 해내기에는 뽀모도로가 적절하다고 생각한다. 집중도가 올라가니 딴짓하는 횟수가 줄어들었다. 스마트폰에 있는 타이머 기능을 활용하는 것보다는 뽀모도로 앱을 이용하는 것이 더 도움이 된다. 25분, 5분의 시간이 자동 설정되어 있을뿐더러 설정한 시간 동안 스마트폰 사용 제한도 가능하기 때문이다.

'하다 보면 끝나겠지, 언젠가 되겠지, 하고 있으니까 안 하는 것보다는 낫지'라는 마음일 때가 있었다. 뽀모도로를 알고 나서는 이왕 하는 거 좀 더 빨리 끝내고 몰입해서 해내고 싶은 마음이 들었다. 또한 시간 낭비하지 않으려는 태도도 길러졌다. 오늘도 시간을 좀 더 효율적으로 보내고 싶을 때, 뽀모도로 앱을 켠다.

엄마 행복 시간 관리 노트

- 뽀모도로는 집중 시간 관리의 비법

- 뽀모도로 사용의 장점: 몰입, 시간 예측 가능

- 뽀모도로 앱 사용 결정하고 실행하기: 'what'과 'time'

07

불만족이 변화를 이끈다

"세상은 고통으로 가득하지만, 그것을 극복하는 사람들로도 가득하다."
_ 헬렌 켈러

나의 단점이라고 생각하던 것을 아이가 따라 하는 모습을 볼 때, 살면서 큰 경험과 깨달음이 있을 때, 완전히 다른 사람으로 살고 싶을 때, 불만족을 느낄 때 사람들은 변화하고 싶다. 하지만 변화는 하고 싶다고 마음처럼 되지도 않으며 실천 계획을 세우고도 의지가 약해지기도 한다. 기본적으로 사람은 익숙함을 선호한다.

변화하기 위해서는 노력이 필요하다. 이 말은 뇌가 새롭고 귀찮은 일로 여긴다는 뜻이다. 변화는 사물의 성질, 모양, 상태 따위가 바뀌어 달라진다는 것을 의미한다. 그렇다면 누가 바꾸어야 할까. 누가 문제를 인식하고 좀 더 정확한 해결책을 찾아야 할까. 바로 나다.

평소 문제라 느끼고 해결하고 싶을 때, 도움이 필요할 때면 책을 본다. 책을 통해 작가의 삶의 태도를 배울 수 있고 방법을 찾을 수 있기 때문이다. 영상과 블로그에 모든 정보가 다 있지만 이보다 책을 더 선호하는 편이다. 책을 읽으며 작가의 마인드, 생각 발상 부분에 포인트를 둔다. 행동보다는 그 생각을 하게 된 계기, 방법 그것도 이것저것 시도해본 여러 가지 방법이 궁금하다. 작가와 비슷한 상황이라고 하더라도 같은 방법을 나에게 적용할 수 없었다. 그래서 단순히 해결책만 제시하기보다는 일이난 상황에서 어떤 문제점이 있었고 해결 방법과 그것을 선택한 이유에 관한 내용이 있는 책을 좋아한다. 하지만 과거를 떠올려봐도 내 시간을 가지고 싶었을 때 시간 관리를 주제로 한 책을 읽은 기억이 없다. 그 시절 구매한 책 목록을 뒤져봐도 모두 육아서였다. 그때의 불만을 어떻게 해결했는지 생각해보았다. 이제까지 앞에서 소개한 내용 모두 공통점이 있다. 변화하기 위해서 깨닫고 행동하는 주체는 나로부터 시작된다는 점이다.

내 시간이 없어서 불만이었다. 눈 뜨고 잘 때까지 계속되는 집안일과 육아를 하는 동안 나를 잃어버렸다. 꿈이 없는 채 하루하루를 보냈다. 자존감은 낮아지고 부정적인 생각이 더 큰 부정적인 생각을 불러왔다. 행복하지 않았다. 내 시간인데 정작 나를 위해 쓰는 시간이 없다는 점이 마음에 들지 않았고 이것이 내가 가지고 있는 불만의 시작점이었다.

아이가 어려 하루 내내 같이 있을 때 나의 시간을 갖기가 힘들다. 조금이라도 가졌으면 하는 마음에서 하루 30분부터 시작했다. 아이 낮잠 시간도 활용한다. 첫째가 태어났을 때, 아이가 낮잠 자면 집안일하고 깨면 같이 놀았다. 둘째 임신했을 때 육아 선배의 이야기가 떠올랐다. 서하를 키울 때는 깨어 있을 때 일하고, 잘 때 같이 자거나 쉬었다. 혼자 잘 때보다 내가 옆에 있으면 더 오랫동안 잤기 때문에 옆에 누워 조용히 책 읽으며 혼자만의 시간 가졌다. 어린이집을 다닌 후, 처음에는 제대로 활용하지 못했다. 그토록 바라던 시간인데 혼자 보낼 수 있는 시간이 많음에도 불구하고 흘려보내는 시간이 많은 내 행동에 불만이 있었다. 오전이라도 잘 보내기 위해서 투두 리스트를 작성했다. 이후에 강사 일을 하며 자기계발 시간을 확보하기 위해 한 달 시간표를 계획했다. 하고 싶은 것을 모두 하는 것에서 우선순위를 정한 이후에는 오전에 내 시간 가지고 오후에 집안일 하는 것으로 변경했다. 지금도 해보고 상황에 맞게 계속해서 수정하고 있다.

마음이 답답하고 스트레스받는 날이 있다. TV를 켜서 시사나 교양 프로그램을 보면 지루해서 채널을 돌린다. 힘든 걸 잊어버리려고 예능, 먹방을 보고 나면 지나서 후회했다. 다음에는 책을 펼쳤다. 글자가 눈에 들어오지 않는다. 그다음으로 집안일을 했다. 마음이 답답한 원인은 따로 있는데 이상하게 속이 뻥 뚫리는 느낌이다. 그래도 뭔가 하나는 했다는 것이 마음에 위로가 된다. 답답한 날 해놓은 덕분에 다음 날, 내 시간을 좀 더 보낼 수 있다. 그래서 화가 나고, 우울한 생각이 들고, 답답한 마음이 들면 몇 시간을 집안일을 한다.

내 시간의 상당 부분을 집안일과 육아로 채우던 때에는 균형을 찾고 싶었다. 방문을 닫았고 아침 설거지도 바로 하지 않았다. 대신 내 시간으로 채웠다. 아이들의 장난감 정리도 그대로 뒀다. 아이들에게 정리하는 법을 연습시킨 시점이다. 다이어리에 검은색 한 가지 색으로만 기록하다가 하는 일에 따라 다른 색을 사용했다. 어디에 많은 시간을 보내고 있는지 알 수 있었다. 매번 다른 색으로 하나씩 작성하는 일은 번거롭기도 하지만 나와 엄마, 주부의 균형을 유지하기 위해 하고 있다.

집안일을 좀 더 빨리 끝내고 싶었을 때는 책을 읽었다. 집안일에 대한 인식과 마인드를 바꾸고 싶었다. 방법을 생각해 낼 만큼 집안일 머리가 있지 않기도 했다. 이런 경우에는 잘하는 사람을 따라 하면 도움이 된다. 자기 계발서와 육아서는 책에 있는 방법대로 하더라도 변화와 결과가 책대로 되지 않는다. 사람들마다 상황이 모두 다르기 때문이다. 그래서 일일이 적용하기보다는 방향을 잡는 데 도움이 된다고 생각한다. 반면 살림에 관한 책은 실생활에 바로 적용할 수 있는 점이 많았다. 그중 집의

구조, 물건이 위치 등을 고려해 선택하고 행동하기만 하면 되었다. 그래서 집안일은 문제 해결 방법을 책에서 도움을 찾고 있다.

좋은 자극을 받아서 바뀌는 사람이 있다. 주변 환경을 바꾸는 것도 하나의 방법이다. 하지만 외부적인 요소로부터 시작하는 것보다 더 지속할수 있는 것은 내가 불만족의 감정을 느끼고 개선점을 찾는 것이다.

3가지 질문을 한다. '왜'에 관한 질문이다. 이 일을 하는 이유, 해야 하는 이유, 하지 않는 이유에 대해 적는다. 하지 않아도 될 일인데 시간과 마음을 쓰고 있다면 그만둔다. 이유를 찾았다면 '무엇'에 관한 점도 물어본다. 힘든 점이 무엇인지, 어떤 점이 불만인지, 방식 중 바꾸고 싶은 게 있는지, 바라는 바는 무엇인지 물어본다. 생각나는 대로 적어 내려간다. 마지막으로 '어떻게'에 관한 질문이다. 어떤 방식이 좋을지 종이에 끄적인다. 떠오르지 않는다면 책, 영상, 먼저 경험한 선배 등으로부터 도움을 구한다. 그 방식 그대로 따라 하지 않고 내 상황에 맞는 방법을 고민하고 적용한다.

불만이 쌓이면 부정적인 시각으로 바라보며 결국 내 삶도 불행하게 된다. 불행하기 위해서 살고 있지 않다. 누구나 행복하게 살기를 원한다. 이제 나는 불행하다고 느낄 때 자존감이 낮아지지 않는다. 질문을 통해 변화하고 더 만족하는 삶을 산다는 것을 알고 있기 때문이다. 그리고 그 변화의 주체는 나이다.

엄마 행복 시간 관리 노트

- 무엇에 불만인지 파악하기

- WHY, WHAT, HOW 질문으로 해결 방법 모색하기

엄마에서 주도적인 '나'로
살기 바라는 당신에게

혼자서 책 한 권 분량을 써내기는 여간 힘든 일이 아니다. 쓸 내용이 없어서, 문장이 뛰어나지 않아서 힘든 게 아니라 나와 싸우는 일이 반복하며 계속 쓰기를 주저했다. 서하가 태어난 이후부터 내 시간을 조금씩 갖기 시작했으니 5년 전으로 거슬러 올라갔다. 더 길게는 8년 전의 이야기도 있었다. 그동안 세상이 많이 바뀌지 않았을까. 그때 당시의 나처럼 지내는 엄마들이 있을까 싶었다. 이미 책에서 소개한 방법을 요즘 엄마는 많이 하고 있을 것만 같았다. 초고를 다 쓰고 마음을 잡지 못하고 있을 때, 동네의 엄마들이 눈에 보였다. 우리 아이 또래보다 더 어린 아이를 안고, 손을 잡고 가는 엄마다. 302호 엄마를 생각하며 초고를 썼으나 동네 엄마들을 떠올리며 다시 자리에 앉아 글을 마무리할 수 있었다.

지금까지 사람들에게 '내 시간이 없어서'라고 말은 하고 있었지만 넓게는 내 삶이 보이지 않았다. 육아와 살림만 하는 나만 존재했다. 비집고 들어가 공간을 차지하려는 내가 보였다. 육아와 살림을 하는 일에 꿈을 위한 자기 계발을 추가해 균형을 잡으려는 한 엄마가, 한 여자가, 내가 있었다. 엄마에서 나로 삶의 균형을 옮겨와 주도적으로 살아보려는 당신에게 강조하고 싶은 3가지가 있다.

첫 번째는 '목표 설정'이다. 글을 쓰기 위해 과거를 자주 돌아봤다. 지나온 일을 이토록 많이 떠올려본 적도 없었다. 온몸으로 깨달았다. 목표가 있는지 없는지에 따라 삶의 태도가 다르다는 것을. 이 태도가 하루를 결정하고 있었다.

지금까지 집에만 있었던 엄마가 갑자기 내 꿈을, 인생의 목표를 찾는 일은 쉽지만은 않다. 일할 때와는 완전 다른 상황에 경험의 범위도, 세상을 바라보는 눈도 좁아졌다는 사실을 알아차리게 된다. 그래도 생각하는 시간을 갖고, 찾는 노력을 하고, 나 자신을 볼 수 있는 기회를 만나면 좋겠다.

나를 알아가기 쉬운 방법은 책을 읽고 질문하는 것이다. 내가 누구인지, 어떤 사람인지 알았다면 인생의 방향도 정할 수 있다. 목표 수립에 가장 쉬운 방법은 다른 사람이 적은 글을 참고하는 것이다. 새해가 되면 목표를 수립해 SNS에 공표하는 사람이 많다. 엄마를 떠나 다양한 사람의 글을 보기를 추천한다. 여러 편의 글을 보다 멈춰 생각할 때가 있다. 그 단어만 따로 적은 후 내가 바라는 일인지, 왜, 무엇을, 어떻게 할 것인지를 같이 떠올리면 결정할 때 도움이 된다.

기간별로 목표를 적을 수도 있다. 장기적으로는 연령대별로 이루고 싶은 바를 적어도 좋다. 하나만 적어도 괜찮고 재산, 건강, 취미, 봉사, 독서 등 분야를 나누어 작성해도 된다. 인생 전체의 방향이 떠오르지 않는다면 올해 목표부터 정한다. 세부적으로 나누는 작업이 필요하다. 여기서 중요한 것은 이루고 싶은 바가 많더라도 다 하려는 마음을 버려야 한다. 이것저것 조금씩 했을 때는 성과를 얻기가 힘들었다. 목록 중, 집중할 한두 개만 선택하기를 바란다.

목표는 내 인생의 목적이 될 수도 있고, 나의 다양한 역할에서 바라는 바도 포함될 수 있고, 우리 가정이 연관될 수도 있다. 어느 한쪽으로 치우치지 말고 목표부터 균형 있게 맞추면 된다. 목표가 있으면 내 삶을 '리딩'할 수 있다.

두 번째는 '기록'이다. 가계부를 쓰며 돈을 모을 수 있었고, 다이어리를 쓰며 시간 관리가 가능해졌다. 청소년기부터 다이어리를 많이 썼다. 끝까지 써본 기억이 없다. 예쁘게 꾸미는 게 귀찮아서, 글자가 안 예뻐서, 하루 이틀 빠지니까 안 쓰게 되어서, 써도 똑같은 하루니까 등의 이유로 쓰다 말았다. 엄마가 된 이후에도 똑같았다. 세 번의 시간 기록 양식을 바꾼 후 지금의 다이어리는 1년 넘게 쓰고 있다.

이전과 달리 꾸준하게 할 수 있는 이유는 '계획과 피드백 있는 기록' 때문이다. 단순히 하루의 일정을 적기만 하지 않는다. 매일 하루의 끝자락에 잘한 일과 반성할 일 그리고 다음 날 할 일을 적는다. 시간을 계획대로 보내지 않은 날은 그 이유를 떠올릴 수 있고, 이것은 다음 계획을 세울 때 도움이 된다. 돌아보는 시간을 가지면, 반성보다는 칭찬할 점에 더 채워 넣고 싶은 욕구가 생긴다. 계획대로 하루를 채워나가게 되는 것이다.

여기에 한 가지만 더하면 좋겠다. 계획할 때부터 현재 부족한 부분, 불만인 부분을 고려하여 적는 일이다. 무슨 말인가 하면, 육아와 살림에 치우쳐 있다면 내가 가지고 싶은 시간을 의도적으로 넣는다는 말이다. 반대로 나로 너무 치우쳐져 있다면 육아와 살림하는 데 시간을 늘린다. 어딘가에 몰입해야 하는 기간 외에는 균형 맞추기를 중시하고 있다. 몰입의 기간이 끝나면 그동안 부족했던 부분을 채운다. 장기적으로 봤을 때, 엄마라는 역할은 나와 집안일이 균형을 이룰 때가 행복하다는 판단에서다.

세 번째는 '휴식'이다. 나, 살림, 육아 그 외의 다양한 역할도 수행해야 한다. 에너지가 많이 든다. 이 모든 일을 처리하기 위해서 에너지를 계속 쏟아 붓고 있을 수는 없다. 그렇게 하고 나면 어느 순간 움직일 힘이 없기 때문이다. 중간 중간 휴식이 필요하다.

나는 새벽과 오전을 내 시간으로 사용하고, 점심 이후에는 집안일, 아이를 돌보고 있다. 오전 5~6시간 동안 머리를 많이 쓴다. 점심 먹고 나면 몸도 움직이고 싶지 않다. 그렇다고 아이들 올 때까지 계속해서 쉴 수 없다. 집안일 하기 전에 20분 정도 쉰다. 거실 창가에 있는 안마 의자에 앉아, 따뜻한 햇볕을 받으며 뭉친 어깨를 풀고 부은 다리를 가볍게 해주는 이 시간을 좋아한다. 하지만 바쁠 때, 시간 계획을 제대로 하지 못했을 때는 그렇지 못하는 날도 있다. 그런 날이 연달아 있는 경우에는 주말에 보충한다. 보통 아이들과 밖으로 나가지만 집에 있을 때는 잠을 잔다. 주말 낮잠은 기본 2시간이다. 휴식 덕분에 균형을 유지하며 또 목표를 이루어가며 하루, 일주일, 한 달, 1년을 살아간다.

주동이 되어 움직이고 싶지 않았다. 학창 시절 반장의 역할이 부담스러웠다. 사람들이 주목하는 발표도 그랬다. 정해진 시간을 내가 이끌어가야 한다는 게, 그 시간 동안 사람들이 나를 쳐다본다는 것도 싫었다. 결혼, 육아, 퇴사하고 사는 동안 더 싫은 것이 있었다. 내 삶을 내가 빠진 채 살아가는 것. 내가 아닌 다른 일을 위해 몸과 마음을 희생해야 한다는 점이었다. 이기적이라고 생각할 수 있으나 나의 삶부터 먼저 챙기고 나부터 행복해지고 싶었다. 내가 밝아지니 가정에도, 주변 사람들에게도 좋은 일이 생긴다.

이제는 주가 되어 움직인다. 내 삶을 내가 선택하고 만들어간다. 이 책을 읽은 독자도 엄마에서 '주도적인 나'로 살아가길, 그런 당신을 열렬히 응원한다.

MAKE IT 다이어리 작성법

● 꾸준히 하기 위한 3원칙

1. 쉽게 쓴다.

다꾸. 다이어리 꾸미기를 줄여서 쓰는 말이다. 꾸미기 위해서 스티커, 펜, 종이, 사진, 포장지 등 여러 종류를 활용한다. 다이어리는 나를 위해 쓰고, 내가 보여주지 않는 한 나만 본다. 꾸미기를 하는 사람은 이 시간이 즐겁다. 그날 하루를 글과 꾸미기 용품으로 표현하면 얼마나 기분이 좋을까. 이런 사람은 꾸미는 시간이 즐겁고, 나는 계획한 일을 해내는 과정과 달성했을 때 만족스럽다. 목적 자체가 다르다. 그래서 꾸미는 데 시간을 들이지 않는다. 다이어리에 계획을 적고, 시간과 한 일을 기록한다. 이것을 '쉽게 쓴다'고 표현했다. 5~6가지의 펜과 형광펜 그리고 자를 이용해 선을 긋고 내용을 채운다. 다양한 색깔이 있어 꾸미지 않아도 꾸민 듯한 느낌을 받는다.

시간도 오래 걸리지 않는다. 하루에 다이어리 쓰는 시간, 길어도 20분이다.

기록 남기기 그리고 짧은 기록 시간 덕분에 꾸준히 할 수 있다.

2. 눈에 보이는 곳에 펼쳐놓는다.

초반에 쓰기 습관을 들이기 위해서 한 방법이다. 책상이 방에 있다고 해서 책상 위에 두지 않는다. 오며 가며 적을 수 있는 자리 한 곳을 정해 다이어리와 펜을 둔다. 수시로 쓸 수 있어야 한다. 시간이 지나면 뭘 했는지 기억나지 않기 때문이다. 자주 기록을 해야 하니까 외출할 때 가지고 나간다. 짐이 된다, 무겁다, 나가서도 적을까, 라고 생각하면 꾸준하게 쓰지 못한다. 다이어리를 쓴 지 일 년이 넘었지만 덮을 때는 한 권을 다 썼을 때 그리고 외출 나갈 때이다.

3. 목적을 정한다.

다이어리 쓰기에도 목적이 있어야 한다. 나 혼자 기록하고 보기 때문에 주제별로 관리해도 괜찮다. 일기만 쓰는 노트, 독서 기록장, 시간 관리, 육아 일기 등에 따라 다르다. 더 세부적으로 일기도 하루 전체를 기록할 수도 있고 또는 기억에 남는 1~2가지만 적을 수도 있다. 독서는 간단하게 목록으로 기록할 수도 있으며 본깨적 독서 기록장이나 기억에 남는 문장을 적을 수도 있다. 이런 세부 사항에 따라 양식도 달라진다. 일반 줄 노트, 무지 노트, 시중에 판매하고 있는 다이어리 중 결정한다. '그냥 하루를 다 기록해야지.'보다는 특정 주제, 목표를 가지고 작성하면 계속 쓸 수 있다.

● 제대로 쓰기 위한 3원칙

'귀찮다, 몇 번 안 쓰고 나니 안 쓰게 되었다, 글씨가 마음에 안 든다.' 같은 이유보다 1년 넘게 매일 다이어리를 쓰면서 그동안 제대로 쓰지 않고 있었다는 사실을 깨닫는다. 이제 다이어리 탓을 하지 않는다. 그동안 다이어리 작성에 실패했던 이유 3가지를 적어본다. 반대로 이렇게만 하면 다이어리 쓰기를 통해 변화를 꿈꿀 수 있다고 확신한다.

1. 연간, 월간의 계획을 일간에 반영한다.

그동안은 몰랐다. 이렇게 적어야 하는 줄. 귀찮기도 했다. 연간에 기록한 일정을 월간에도 다시 일간에도 적는 일이.

3P 바인더의 속지를 보며 알게 되었다. 연간 계획을 기록하고 그것을 다시 월에 반영하며 주 단위 목표까지 세분화하는 것을. 그래서 불렛저널을 알게 되었을 때 거부감이 없었고 적극적으로 활용해야겠다는 의지가 있었다. 연간의 일정뿐만 아니라 목표가 일간까지 내려오면 달성할 수밖에 없다. 비록 이루지 못했더라도 일정 수준까지 도달했고 곧 실현할 수 있다고 믿는다.

2. 꾸준히 쓰며 변화를 느낀다.

연초에 한 달 정도 쓰고 만다. 다이어리를 쓰면 인생이 바뀐다고도 하는데 방법도 정확히 모르고 그냥 쓰기만 하다가 내 삶의 변화가 없다고 결론짓는다. 이럴 때는 '작심 3일 X 120번'이 필요하다. 쓰기를 멈추지 말고 어제, 그저께 안 썼어도 다시 쓴다. 한 줄이라도 쓰고 잔다. 그래야만 반성도 하고 변화를 느낄 수 있다.

3. 피드백한다.

그동안 못한 일은 'X' 한 일은 'O'를 적고 넘어갔다. 못한 일은 보완하거나 원인 분석을 제대로 하지 않았다. 한 일에 대해서도 투입 시간과 결과물을 비교해보거나 집중도 분석을 하지 않았다. 지금은 매일 피드백하고 다음 날 보완한다. 다음 날도 못 했을 경우 주말에 완료한다. 목표를 이루는, 성취해 나가는 모습을 보면 기록도, 피드백도 또 목표 세우기도 더 제대로 하고 싶은 마음이 생긴다.

● MAKE IT 다이어리 작성법

1. 다이어리

불렛저널 다이어리를 사용하고 있다. 불렛은 기호, 저널은 다이어리를 뜻하고 개인이 기호를 설정하여 하루를 관리하는 방법이다. 다이어리 속지는 규칙적인 점으로만 찍혀 있어 작성자의 편의에 맞게 사용할 수 있다. 나는 기호 대신 시간을 관리하고 있다는 점에서 종이만 불렛저널용 다이어리를 사용하고 있다.

2. 기본 셋업(양식 만들기)

불렛저널은 다이어리 속지를 채우는 과정이 필요하다. 시중에 판매하고 있는 다이어리는 양식이 박제되어 있지만 불렛저널은 점으로만 찍혀 있기 때문이다. 유튜브나 블로그에서 '불렛저널 셋업'으로 검색하면 많은 자료가 나온다. 만약 다이어리 쓰기의 목적이 목표를 달성하는 데, 시간을 더 잘 관리하는 데 있다면 전자책으로 출간한『불렛저널 기초부터 활용까지』를 참고하면 된다.

불렛저널의 가장 기초적인 셋업은 인덱스, 퓨처 로그, 먼슬리 로그, 데일리 로그이다. 그 외에 많이 사용하고 있는 양식으로 습관 체크, 독서 목록이 있다.

INDEX

Pages <—> Title

업무와 색	1
긍정확언	2
시각화	3 - 4
퓨처로그	5 - 8
목표관리	9 - 10
독서목록	11 - 14
아이디어노트	15 - 18
강의 list	19
회의 list	20
2023. 01	21 —
적금 list	28

불렛저널 기본 셋업_INDEX

3. 퓨처 로그(연간) → 먼슬리 로그(월간) → 데일리 로그(일간) 순으로 작성

불렛저널 뿐만 아니라 시중에서 판매하고 있는 다이어리를 보면 연간, 월간, 주간, 일간이 있다. 따라서 불렛저널이 아니라도 이를 제대로 활용하면 목표 관리, 일정 관리가 가능하다.

퓨처 로그는 양식의 차이가 있을 뿐, 다이어리에서 연간으로 보면 된다. 나는 다이어리 구입 후 처음에만 연간에 기록하고 그 이후로는 쳐다보지도 않았다. 불렛저널을 안 이후로는 일정이 생기면 퓨처 로그에 기록한다. 일정이 기록하는 달과 같은 달이면 먼슬리 로그에, 그 이후의 달이면 퓨처 로그에 기록하는 것이 차이다. 퓨처 로그에 있던 내용을 먼슬리로 옮겨 적고 마지막 데일리까지 적기 때문에 퓨처 로그(작성하는 달이면 먼슬리 로그)에 잊지 않고 적는 일이 중요하다. 기록 하나로 일정을 잊어버리지 않아서 좋았다. 그래서 더욱 추가되는 일정이 있으면 적으려 했다. 반면, 한 번씩 '나중에 적어야지.' 하며 기록을 미뤄버리면 잊어버린다. 기록해야만 빠지지 않고 챙길 수 있으니 적는 일 그 자체가 중대하다고 할 수 있다.

일정뿐만 아니라 목표도 적는다. 구체적, 상세한 실천 방안은 먼슬리에 기록하고 퓨처 로그에는 해당 월에 체중 3kg 감량, 책 4권 읽기, 30분 운동 20회, 6시 기상 20회 등과 같은 방식으로 적으면 된다.

퓨처로그

JAN

M	T	W	T	F	S	S
						1
2	3	4	5	6	7	8
9	10	11	12	13	14	15
16	17	18	19	20	21	22
23	24	25	26	27	28	29
30	31					

1/14 이은혜관고합 & 작가님
1/15 마인드맵 세미나 13시
1/6   시환 방학 시작
평일 5회 고전 필사
1/17 폴 사진 - 어머니
1/28 15시 이승환 작가 사인회
1/17 14시 정정민 작가 사인회
1/3   시환 병원
1/12 자이언트 6기 특강
1/5   유치원비 납부
1/20 1월 뜸굿
1/4. 11. 18. 25 10시 글쓰기
1/5. 12. 19. 26 2시 온작수업
1/6-8 서면에네
~1/7 10시 전체 휴고 수정. 33장 휴일 문약 분소
        추가 공지 영역. 적연 무당
~1/6 10시 다이어리 사용법 + 관련 이미지

FEB

M	T	W	T	F	S	S
1	2	3	4	5		
6	7	8	9	10	11	12
13	14	15	16	17	18	19
20	21	22	23	24	25	26
27	28					

평일 5회 고전 필사
2/1·8·15·22 10시 글쓰기
2/2·9·16·23 2시 온작 수업
2/4 유치원비 납부
2/24 2월 뜸굿
2/1 13:30 날개의 교감님 진료
2/2 11:45 시환 피 검사 ~2/4 유뮤 듣기 2약
2/8 밀리의 서재 이용 줄 신청

1/14 KB 24만기
1/24 FB 0.6만기

먼슬리 로그는 월간 양식지를 떠올리면 된다. 차이점은 불렛저널에서는 탁상형이 아니라 세로형을 소개한다. 하지만 작성자에 따라 탁상형으로 그리기도 한다. 세로로 날짜, 가로는 개인적인 일과 업무로 구분해 작성한다. 구분 하나로 어디에 좀 더 중점을 두고 있는지가 파악 가능해 줄곧 세로형으로 써왔다. 퓨처 로그에 적힌 내용을 보고 먼슬리에 그대로 옮겨 적는다. 해당 일자의 일정, 할 일을 기록하는 것이다. 퓨처 로그에서 목표를 체중 3kg을 적었다면 먼슬리에서는 목표 달성을 하기 위한 구체적 실행 방안을 날짜별로 적는다. 예를 들면 '10시에 1시간 자전거 타기'처럼 시작 시간, 소요 시간, 무엇에 대해 적는다.

데일리 로그는 일간이다. 먼슬리 로그를 보며 해당 일자의 일정, 할 일을 그대로 옮겨 적는다. 추가로 그날의 일기, 메모, 회의, 강의 내용 등 불렛저널에서는 자유롭게 적을 수 있다.

이런 방식으로 작성하다 보니 군이 불렛저널이 아니더라도 목표를, 할 일을, 일정을 관리할 수 있다는 생각이 든다. 지금까지는 이 방법을 제대로 알지 못했기에 매년 연말이 되면 이전과 다른 새로운 다이어리를 찾았다.

기존에 소개하는 불렛저널에서 나와 큰 차이점을 보이는 곳이 바로 데일리 로그이다. 불렛저널은 할 일, 완료, 진행 중, 취소, 연기 등을 기호로 나타내 구분하는데 나는 이 기호 대부분을 없애버렸다. 그 대신 시간을 계획하고 실제 보낸 시간을 기록하는 내용으로 바꿨다. 계획 란에는 할 일을 해당 시간에 적으며 종이의 공란에는 하루를 되돌아본다. 계획한 일을 계획대로 했으면 잘한 점에, 못했거나 보완해야 할 점이 있으면 반성할 점에, 그날 노력하고 고생했던 점이 있으면 수고 일기에 적는다.

기본적인 사용법은 여기까지다. 어디선가 받았든지, 샀든지 어떤 다이어리에서도 작성 가능한 방법을 적었다. 일정과 목표를 퓨처 로그(연간)에 기록하기 그리고 먼슬리 로그(월간)에 그대로 옮겨 적기, 월간 그대로 데일리 로그(일간)에 옮겨 적으며 실행 여부 체크하기 마지막으로 피드백하기. 이 점만 제대로 활용해도 바뀐다. 쉽게는 '어머! 약속을 깜빡했어.'와 같은 상황이 발생하지 않는다. 꾸준히만 하면 목표를 이루기도, 그 과정 중에 성장도 한다. 시간 기록까지 한다면 시간을 관리하는 사람이 되기도 한다. 미루기를 잘하는 사람이라면 행동하는 사람으로 바뀐다. 충분히 이 이상도 가능하지 않을까.

불렛저널을 알고 나서는 다이어리 유목민이 끝났다고 생각했다. 전자책을 쓰며 알았다. 이제, 매년 새로운 다이어리를 사더라도 충분히 활용할 수 있다는 점을. 처음에는 기록하는 일이 번거로울 수도 있다. 하지만 이 점만 극복하면 지금과 다른 모습이 되리라 확신한다. 노력과 시간을 들이면 무엇이든 된다.

2023 01

날짜		할 일	메모
1	일		√3.4챕터. 돌아가는글. 마치는글. (주)
2	월	√고전 필사	√새벽-청장 박스, 명언 챙기
3	화	√고전 필사 시탐 병원(외과?)	└새벽-전체 마무리. ~1시 ...
4	수	고전 필사	6시? 책쓰기 새벽~다이어리 작성법
5	목	√고전 필사 목차준비 초부	√4시 문장 수업 ; 책 분량 추천!
6	금	시탐 방학 고전 필사	X4시 강경인 작가 사인회
7	토	어머니 폐 사진	
8	일		
9	월	고전 필사	~ 이미지 보내기
10	화	고전 필사	2시 강정교정 특강
11	수	고전 필사	10시 책쓰기
12	목	고전 필사	2시 자미언트 공저 6기
13	금	고전 필사	
14	토		이조합 끝고합 ○ 작가성 (전율 ○)
15	일		13시 마인드맵 쌤
16	월	고전 필사	
17	화	고전 필사	
18	수	고전 필사	10시 책쓰기
19	목	고전 필사	2시 문장 수업
20	금	고전 필사 1월 뚱	
21	토	성날	
22	일		
23	월	고전 필사	
24	화	고전 필사	
25	수	고전 필사 12시 세브란스(오른쪽...)	10시 책쓰기
26	목	고전 필사	2시 문장 수업
27	금	고전 필사	
28	토		14시 이승환 작가 사인회
29	일		
30	월	고전 필사	
31	화	고전 필사	

불렛저널 기본 셋업_먼슬리 로그

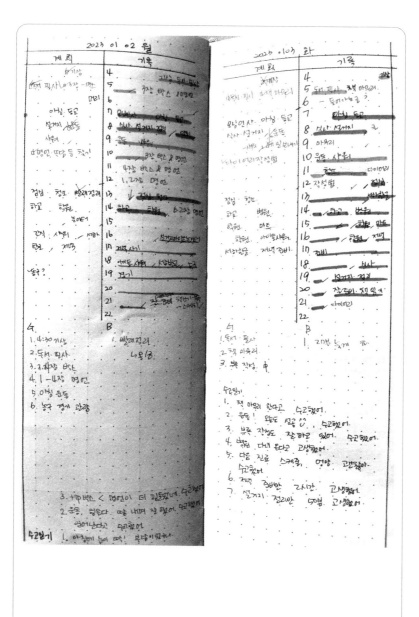

불렛저널 기본 셋업_ 데일리 로그